Vivir en Guerra

Serie Historia

Vivir en Guerra

Javier Tusell

Sílex

Este libro ha sido realizado con la colaboración del
Ministerio de Educación, Cultura y Deporte

Fotografía de portada: (Detalle) Columna republicana desfilando a la entrada de una población.
Archivo General de la Guerra Civil Española, Salamanca. Ministerio de Cultura.

Primera edición: 1996

© Javier Tusell, 2003

©Sílex® ediciones S.L., 2003
c/ Alcalá, nº 202. 28028 Madrid
www.silexediciones.com
e.mail: silex@silexediciones.com

I.S.B.N.: 84-7737-127-X
Depósito Legal: M- 40014-2003
Coordinación editorial: Ángela Gutiérrez y Ramiro Domínguez
Diseño cubierta: Ramiro Domínguez y Sirid Fillinger
Producción: Ana Yáñez Rausell, Jose Ángel Calatayud Alaiz y Óscar Villarroel González
Corrección: Olivia Pérez
Fotomecánica: Preyfot S.L.
Impreso en España por: ELECE, Industria Gráfica
(Printed in Spain)

CONTENIDO

Avance de soldados republicanos.
Archivo Genéral de la Administración.
Ministerio de Educación, Cultura y Deporte

INTRODUCCIÓN

La guerra de España es la única ocasión histórica en que nuestro país ha desempeñado un papel protagonista en la historia del siglo XX. Tan solo en otro momento, mucho más grato en sus consecuencias, como fue la transición a la democracia, España ha resultado protagonista de primera fila en la vida de la humanidad. No puede extrañar, por lo tanto, que, desde una óptica nacional o extranjera, se haya considerado como eje interpretativo de nuestro pasado lo sucedido en ese periodo.

Este tipo de interpretación tiene un obvio inconveniente que nace de considerar la totalidad de la historia contemporánea española como un camino inevitable hacia la guerra entre dos sectores de la sociedad enfrentados a muerte. Nada parecido a una guerra civil con centenares de miles de muertos se dio en otro país del Occidente europeo durante el primer tercio del siglo XX. Eso, sin embargo, no debe hacer pensar que el enfrentamiento violento fuera inevitable. Hasta el último momento la guerra civil pudo haber sido evitada. Los testigos presenciales, en especial los que tenían responsabilidad política de importancia, suelen considerar que no fue así, pero ello se debe, quizá, al deseo de exculparse por sus responsabilidades. En realidad, pocos desearon originariamente la guerra aunque hubiera muchos más a quienes les hubiera gustado que se convirtieran en reales sus consecuencias, es decir, el aplastamiento del adversario. Con el transcurso del tiempo ese puñado de españoles consiguió la complicidad de sectores más amplios y se olvidó que los entusiasmos políticos que llevaban a una España a desear imponerse sobre la otra implicaban el derramamiento de sangre.

Todas las caracterizaciones de la historia española como un proceso hacia la guerra no son ciertas, pero sí lo es la peculiaridad en dicha historia respecto del resto de las naciones europeas, derivada de la guerra civil. En cierto sentido la guerra civil no concluyó hasta 1977, y desde 1939 todos los rasgos de la vida española estuvieron marcados por la impronta bélica. Claro está que también con el curso del tiempo se superó esa situación, pero, a fin de cuentas, se seguía viviendo en la órbita histórica

Tropas gubernamentales saliendo de una trinchera.
Archivo General de la Administración.
Ministerio de Educación, Cultura y Deporte

de aquel decisivo acontecimiento. La actitud del historiador sobre una cuestión como la guerra civil española necesariamente ha de ser humilde. Como se ha dicho acerca de la Revolución Francesa, nunca podrá escribirse una historia definitiva de la guerra civil española por la sencilla razón de que afectó demasiado gravemente a un número demasiado grande de personas.

La conspiración contra la República

El estallido de la guerra civil no puede ser atribuido a factores de carácter externo a pesar de la ayuda prestada por Italia a monárquicos, tradicionalistas y falangistas. Durante la guerra se hizo pública por las autoridades republicanas la información relativa a los pactos logrados por los monárquicos con Mussolini en 1934, con el propósito de demostrar la supuesta existencia de una temprana conspiración contra el régimen, pero cuando tuvo verdadero carácter decisivo la ayuda italiana contra la República, y a favor de quienes querían derribarla, fue solo a partir de julio de 1936.

A partir de febrero de 1936, los grupos de extrema derecha redoblaron sus esfuerzos por organizar una conspiración capaz de liquidar a las

Defensores de la República en Albacete, el 18 de julio de 1936.
Archivo General de la Guerra Civil Española, Salamanca.
Ministerio de Educación, Cultura y Deporte

instituciones republicanas mediante el recurso a la violencia. La conspiración que conocemos peor en sus detalles precisos es la de los monárquicos, quizá por el hecho de que se confundía en realidad con la de los jefes militares. Como carecían de masas, tenían que limitarse a financiar a otros grupos subversivos (como la Unión Militar Española) o a preparar unos contactos en el exterior que luego tuvieron una importancia decisiva. En cualquier momento crucial de los primeros días de la guerra aparece un dirigente monárquico desempeñando un papel fundamental en cuestiones como el traslado de Franco a la Península o la primera ayuda italiana a los sublevados.

Fue, sin embargo, el tradicionalismo quien organizó más tempranamente la conspiración con sus propias huestes. Poco después de las elecciones de febrero su jefe, Fal Conde, había organizado una junta

El general José Sanjurjo. Archivo General de la Administración.
Ministerio de Educación, Cultura y Deporte

El general Emilio Mola. Archivo General de la Administración.
Ministerio de Educación, Cultura y Deporte

carlista de guerra, cuyos primeros propósitos consistieron en tratar de preparar una sublevación limitada. Luego el tradicionalismo consiguió, en torno a mayo, aumentar sus posibilidades mediante la incorporación a sus filas del general Sanjurjo, cuyo pasado militar y actividad conspiratorial previa le daban una preeminencia obvia entre los militares. En realidad el general se adhirió al carlismo nada más que por ver en él el único grupo político dispuesto a lanzarse con sus propias masas a la calle. En Navarra estuvo el centro inspirador de la conspiración, cuya mente rectora era Mola. Los dirigentes carlistas entraron en contacto con él en fecha temprana, pero las relaciones fueron tormentosas. Lo que Fal Conde quería tenía poco que ver con lo de Mola, que, para él, no pretendía sino "disparates republicanos". Al objeto de influir en el citado general, en la segunda semana de julio, los carlistas le trajeron una carta de Sanjurjo en que se mostraba partidario de la bandera bicolor como

Consejo de Guerra contra los falangistas José Antonio y Miguel Primo de Rivera, Sáenz de Heredia y Sancho Dávila.
Biblioteca Nacional

"cosa sentimental y simbólica y de desechar el sistema liberal y parlamentario". Mola acabó comprometiéndose muy vagamente a aceptar, en sus líneas generales, las indicaciones de Sanjurjo. A pesar de que no hubo ningún partido que proporcionara inicialmente tantos hombres armados como el carlismo, la sublevación nunca fue, pues, propiamente tradicionalista.

También Falange Española, por su ideario y por su afiliación juvenil, que ahora crecía meteóricamente, estaba en condiciones de conspirar contra el régimen republicano. José Antonio Primo de Rivera desde la cárcel de Alicante dirigió escritos a los militares españoles presentando un panorama patético de España y animándolos a la acción. Parece indudable que estos textos tuvieron influencia sobre los acontecimientos, porque gran parte de la oficialidad joven se sintió especialmente atraída por el falangismo. Con todo, entre un ideario de indudable significación fascista, aunque con sus peculiaridades, como el de Falange, y los militares necesariamente tenía que haber tensiones y dificultades.

El presidente de la República, Manuel Azaña, en un mitin en Mestalla.
Foto: Luis Vidal. Biblioteca Nacional

Primo de Rivera parece haber temido que los militares no supieran hacer otra cosa que una "revolución negativa".

Nos queda hacer mención de la última fuerza de derecha durante la etapa republicana, que era, también, la más importante y nutrida, el catolicismo político. Es muy posible que la mejor forma de describir su situación a la altura del verano de 1936 sea con el término "descomposición", con sectores dispuestos a mantenerse en la legalidad y otros apasionados por destruirla. En cuanto al propio Gil Robles, parece indudable que no participó en la conspiración y que ni siquiera los principales dirigentes de ésta pensaron en consultarle, aunque luego se identificó con ella. El destino al que, sin embargo, estaba condenada la CEDA era la marginación.

La conspiración contra el Frente Popular (inicialmente no iba contra la República) no fue protagonizada por grupos políticos sino por militares. Aunque no se tratara de una conspiración exclusivamente militar ni de todo el Ejército, sí tuvo ese carácter. Fundamentalmente estuvo protagonizada por la generación militar africanista de 1915 y tuvo como rasgo característico una voluntad de utilización desde un primer momento de la violencia, que era producto de las tensiones que vivía el país y que tuvo como resultado que lo sucedido no fuera un pronunciamiento clásico sino una guerra civil.

La conspiración militar fue un tanto confusa en el doble sentido de que, por un lado, se conspiraba mucho, pero muy desordenadamente y, por otro, los propósitos de los conspiradores ni estaban tan meridianamente claros, ni se vieron convertidos en realidad. No hubo una organización militar secreta destinada a organizar la conspiración. La importancia numérica de la Unión Militar Española no parece haber sido tan grande, pero, en cambio, difundió ampliamente la actitud subversiva contra la República en los cuarteles. Quizá el mejor ejemplo del éxito de esta labor propagandística es el hecho de que un buen número de los dirigentes de la UME desempeñaron un papel importante en la política de la España de Franco. En la conspiración de 1936 no solo tomaron parte militares monárquicos, sino que la actitud subversiva contra la República estuvo extendida por sectores más amplios. Entre las principales figuras de la conspiración y de la sublevación hubo personalidades inesperadas. El general Mola tenía una "limitadísima" simpatía por la Monarquía; Goded incluso había conspirado contra ella. Queipo de Llano también lo hizo y estaba emparentado con Alcalá Zamora. Escritores izquierdistas llegaron a asegurar que la presencia de Cabanellas con los sublevados solo se entendía por haber sido obligado a punta de pistola. En cuanto a Franco, puede decirse que su trayectoria hasta entonces había sido singularmente poco política. Sanjurjo, que ya en agosto de 1932 había visto la dificultad de comprometerle en un proyecto conspirativo, tampoco confiaba ahora en que participara en él. Es muy significativo de su carácter, y también de la situación que vivían España y los altos cargos militares, el hecho de que el 23 de junio dirigiera una carta a Casares Quiroga, que era demostrativa de inquietud pero que podía ser interpretada como una amenaza de sublevación o un testimonio de fidelidad. Fue la participación de estos altos cargos militares lo que dio un carácter peculiar a la conspiración de 1936.

La fase final de la conspiración tuvo lugar al final de ese mes de abril, fecha de la que data la primera circular de Mola. Su idea original no difería en exceso de un pronunciamiento, aunque preveía dificultades mucho mayores. El movimiento debía tener un carácter esencialmente militar, de modo que, aunque esperaba la colaboración de fuerzas civiles, éstas actuarían solo como complemento. El movimiento consistiría en una serie de sublevaciones que acabarían convergiendo en Madrid. Hasta aquí la conspiración parecía un pronunciamiento de no ser porque Mola recomendaba que el golpe fuera desde sus comienzos muy violento. Con ello no quería sentar las bases para una guerra civil, sino recalcar el carácter resolutivo que podía tener la actuación inicial; pero ejercida esa misma violencia por sus adversarios, la guerra se hizo inevitable. También difería la conspiración de un pronunciamiento clásico en lo que tenía de modificación de la estructura política. El proyecto inicial de Mola tenía un indudable parentesco con fórmulas de "dictadura republicana". La suspensión de la Constitución sería tan solo temporal y se mantendrían las leyes laicas y la separación de la Iglesia y el Estado, aspecto éste especialmente inaceptable para los tradicionalistas. Pero Mola en sus instrucciones también aludía a un "nuevo sistema orgánico de Estado" tras el paréntesis de un gobierno militar. El mismo hecho de que una cuestión tan importante como ésa no estuviera por completo perfilada es un testimonio de hasta qué punto una sublevación de tanta envergadura hubiera sido evitable (y con ella la guerra) de no haberse producido el asesinato de Calvo Sotelo. Después de él la guerra desdibujó o transformó, como siempre ha sucedido en la historia de la humanidad, los propósitos originarios.

Después de la guerra las izquierdas reprocharon al último gobierno del Frente Popular su incapacidad para estrangular la revuelta en gestación. Indalecio Prieto cuenta, por ejemplo, que al denunciar ante Casares Quiroga la existencia de la conspiración, se encontró con la airada respuesta de éste. Sin embargo estos juicios probablemente no son acertados. Si el Gobierno reaccionaba ante ese género de denuncias con dureza no era porque ignorara la existencia de una conspiración: era imposible pensar que no existiera cuando hasta la prensa hacía mención de ella. La mejor prueba de que Casares era consciente del peligro existente como consecuencia de la conspiración es que tomó disposiciones para evitar su estallido. Los mandos superiores del Ejército estaban ocupados por personas que no era previsible que se sumaran a la sublevación y, gracias a la disciplina, podía pensarse que la totalidad de las unidades militares les fueran fieles. Solo unos pocos militares sublevados ocupaban cargos decisivos: tan solo uno de los ocho comandantes de las regiones militares se sublevó. Fueron fieles al Gobierno el inspector de la Guardia Civil y sus seis generales; fue totalmente inesperado que no lo fuera el inspector del Cuerpo de Carabineros, Queipo de Llano. Muchos militares sospechosos fueron trasladados a puestos en los que parecían resultar mucho menos peligrosos: así sucedió con Franco en Canarias o Goded en Baleares. Mola fue mantenido en Pamplona, quizá porque se confiara en que no llegaría a ponerse de acuerdo con los carlistas, pero tenía como superior a Batet, el general republicano que había suprimido la revuelta de octubre de 1934 en Barcelona. En cada uno de los cuerpos armados o de seguridad se tomaron disposiciones preventivas. En Aviación el general Núñez de Prado llevó a cabo una depuración, aunque sus superiores no le dejaron que fuera tan completa como quería. Las plantillas del Cuerpo de Asalto en Barcelona, Madrid y Oviedo fueron modificadas para garantizar la lealtad al régimen. Hay, por tanto, numerosas pruebas de que no es verdad la supuesta pasividad de Casares Quiroga. De los 21 generales de división, 17 fueron fieles al Gobierno; de los 59 de brigada, lo fueron 42. El bando franquista eliminó físicamente a 16 generales.

Resulta, por tanto, evidente que el gobierno del Frente Popular tomó medidas para evitar la sublevación, que debía temer, por mínima conciencia de la realidad que tuviera. Su error no fue pecar de pasividad sino de exceso de confianza. Todo hace pensar que esperaba que podía repetir lo sucedido en 1932, pero ahora la situación era muy diferente. Azaña consideraba a esta altura que las conspiraciones militares solían acabar en "charlas de café". Sin embargo, este planteamiento que suponía dejar que la sublevación estallara para, una vez derrotada, proseguir la obra gubernamental ahora era suicida. La situación de 1936 no era prerrevolucionaria, pero todavía tenía menos que ver con la del año 1932. Solo una vigorosa reacción gubernamental destinada a controlar las propias

Carteles conmemorando el aniversario de la Segunda República.
Archivo General de la Administración.
Ministerio de Educación, Cultura y Deporte

masas del Frente Popular y a perseguir a los conspiradores habría sido capaz de disminuir la amplitud de la conjura. Así, además, el gobierno republicano no hubiera pasado por la situación que se produjo inmediatamente después de la sublevación cuando se encontró obligado a armar a las masas, con lo que su poder, ya deteriorado por la sublevación, todavía se redujo más. Claro está que, al no imaginar la posibilidad de una guerra civil, el gobierno del Frente Popular no hacía otra cosa que reproducir la actitud de los conspiradores.

Soldados de caballería con el pueblo de Madrid, celebrando el
mantenimiento de la República en la Puerta del Sol.
Archivo General de la Administración.
Ministerio de Educación, Cultura y Deporte

Un primer balance de fuerzas.
España dividida en dos

Tanto el Gobierno como los sublevados pensaban que la suerte del país se dirimiría en pocos días. Sin embargo, lo que sucedió en tres dramáticos días de julio fue que el alzamiento transformó las confusas pasiones de principios de verano en alternativas elementales y en entusiasmos rudimentarios. Aunque muchos intentaron la neutralidad, hubo que elegir, al final, entre uno de los bandos. En esos tres días lo único que quedó claro fue que ni el pronunciamiento había triunfado por completo ni tampoco había logrado imponerse el Gobierno.

La sublevación se inició en Marruecos. El clima en el protectorado era muy tenso, por lo que no puede extrañar que finalmente la conspiración se adelantara. En el protectorado, como en otras partes de

Tranvía en la calle Bailén de Madrid, después de la ocupación del cuartel de la Montaña. Archivo General de la Administración.
Ministerio de Educación, Cultura y Deporte

España, el enfrentamiento con el adversario se veía como una especie de "carrera contra reloj" en la que quien se retrasara podía perder su oportunidad. El papel de las masas necesariamente había de ser mínimo frente al de la guarnición. Las tropas mejor preparadas del Ejército, los Regulares y el Tercio se inclinaban claramente hacia la sublevación, e idéntica era la postura de los oficiales más jóvenes. Las autoridades oficiales, tanto civiles como militares, pecaron de exceso de confianza: el general Romerales y también un primo hermano de Franco fueron fusilados, señalando el rumbo de lo que se convertiría en habitual en toda la geografía peninsular. Los sublevados se impusieron rápidamente en tan solo dos días (17 y 18 de julio). Entre los dirigentes de la sublevación había militares que desempeñarían un papel fundamental en la guerra, pero la dirección le correspondió a quien era, antes de que se iniciara la sublevación, el jefe moral del ejército de Marruecos, el general Franco, comandante militar de Canarias, donde se impuso también sin dificultades. El día 19 se trasladó a Marruecos en un avión inglés alquilado por conspiradores monárquicos.

A partir del 18 de julio la sublevación se extendió a la Península, produciendo una confrontación cuyo resultado varió dependiendo de circunstancias diversas. El grado de preparación de la conjura y la decisión de los mandos implicados en ella, la unidad o división de los militares y de las fuerzas del orden, la capacidad de reacción de las autoridades gubernamentales, el ambiente político de la región o de su ciudad más importante y la actitud tomada en las zonas más próximas fueron los factores que más decisivamente influyeron en la posición adoptada. Allí donde la decisión de sublevarse partió de los mandos y su acción fue decidida, el éxito acompañó casi invariablemente a su decisión. Si el Ejército se dividió y existió hostilidad de una parte considerable de la población, el resultado fue el fracaso de la sublevación.

Las dos regiones en que en principio cabía esperar un más decidido apoyo a la sublevación, tanto por sus mandos militares como por el carácter conservador de su electorado, eran Navarra y Castilla la Vieja. En la primera, la sublevación lanzó a la calle a las masas de carlistas, y Mola, que dejó escapar al gobernador civil, no tuvo dificultades especiales para obtener la victoria. En Castilla la Vieja, la resistencia que

Voluntarios a filas el 19 de julio de 1936 en Navarra.
Archivo General de la Administración.
Ministerio de Educación, Cultura y Deporte

se produjo en algunas capitales de provincia y pueblos de cierta entidad fue sometida sin excesivas dificultades por parte de los sublevados.

En cambio la situación de Andalucía era radicalmente opuesta, porque el ambiente era caracterizadamente izquierdista. Cuando el general Queipo de Llano, encargado de sublevar esta región, realizó sus primeros contactos descubrió pocos puntos de apoyo entre las guarniciones. Un papel decisivo le correspondió en la sublevación a Sevilla, conquistada por Queipo con muy pocos elementos y a base de una combinación entre audacia y *bluff*. En Cádiz, Granada y Córdoba también las guarniciones se sublevaron pero, como en Sevilla, la situación inicial fue extremadamente precaria, pues los barrios obreros ofrecieron una resistencia que no desapareció hasta que llegó el apoyo del ejército de África. El campo era anarquista o socialista y, por lo tanto, hostil a la sublevación, y las comunicaciones entre las capitales de provincia fueron nulas o precarias, en especial en el caso de Granada, prácticamente rodeada. Otro rasgo característico de los decisivos días de julio en esta región fue el impacto que tuvo en ellos la constitución del gobierno de Martínez Barrio, del que más adelante se hablará. El general Campins al frente de la guarnición de Granada se volvió atrás; el hecho no tuvo consecuencias porque la guarnición se impuso a él y acabó fusilado, pero, en cambio, en Málaga las dudas del general Patxot acabaron teniendo como consecuencia el triunfo del Frente Popular.

La suerte de Cataluña y de Castilla la Nueva se jugó en Barcelona y Madrid, respectivamente. En ambas ciudades el ambiente político era izquierdista, los mandos de la guarnición militar estuvieron divididos y los sublevados cometieron errores; estos tres factores unidos a un cuarto, consistente en la actuación de masas izquierdistas armadas, explican lo acontecido, que no fue sino la derrota de los sublevados. En Barcelona la conspiración hubo de enfrentarse con autoridades decididas a resistir. Los principales organizadores de la resistencia fueron Escofet, Guarner y Aranguren, responsables del orden público en la capital catalana, todos ellos militares. La colaboración de la CNT, con la que las fuerzas leales mantuvieron solo una "alianza tácita", fue "sustancial pero de ninguna manera determinante". Finalmente el decantarse la Aviación y la Guardia Civil a favor de las autoridades supuso la liquidación de la sublevación, a pesar de que Goded llegó desde las Baleares. Éstas, con la excepción de Menorca, se sublevaron y las resistencias resultaron fácilmente dominadas. En la última fase de los combates de Barcelona se produjo un hecho que habría de tener una importante repercusión: la CNT consiguió la entrega de armas procedentes de los cuarteles y en adelante sus milicias controlaron la capital catalana.

En Madrid la conspiración estuvo muy mal organizada. La acción más decisiva fue la toma del Cuartel de la Montaña, en donde los sublevados, en una actitud más de "desobediencia activa" que de verdadera insurrección, permanecieron acuartelados sin lanzarse a la calle y fueron pronto bloqueados por paisanos armados y fuerzas de orden público. Ni siquiera la totalidad de los encerrados era partidaria de unirse a la

Voluntarios de Milicias Populares alistándose en el Cuartel General
"Fernando Condés", los primeros días de la guerra.
Archivo General de la Administración.
Ministerio de Educación, Cultura y Deporte

sublevación, y cuando se expresó divergencia con banderas blancas los sitiadores acudieron para ocupar el cuartel y fueron recibidos a tiros. La toma se liquidó con una sangrienta matanza.

En el norte, el País Vasco se escindió ante la sublevación: en Álava el alzamiento militar fue apoyado masivamente, incluso por parte del Partido Nacionalista Vasco. En cambio en Guipúzcoa y en Vizcaya la actitud del PNV fue alinearse con el Gobierno, en parte por la promesa de concesión del Estatuto pero también por el ideario democrático y reformista en lo social que el PNV había ido haciendo suyo con el transcurso

Tropas sublevadas dirigiéndose al barrio de Triana, en Sevilla, donde se
hicieron fuertes las tropas republicanas el 19 de julio de 1936.
Archivo General de la Guerra Civil Española, Salamanca.
Ministerio de Educación, Cultura y Deporte

del tiempo. La tradición izquierdista de Asturias hacía previsible que allí
se produjera un alineamiento favorable al Gobierno, pero en Oviedo el
comandante militar Aranda, conocido por sus convicciones democráticas, consiguió convencer a los mineros de que debían dirigir sus
esfuerzos hacia Madrid, asegurándoles su lealtad para acabar sublevándo-
dose luego. Su posición fue muy precaria desde un principio,
prácticamente rodeado en medio de una región hostil. Una situación peor
fue la experimentada por la guarnición de Gijón, que acabó con la victoria de las fuerzas de la izquierda, tras un asedio que se prolongó
semanas. En Galicia también triunfó la rebelión, pese a la oposición de
las autoridades militares y la resistencia en determinadas poblaciones
como Vigo y Tuy.

En Aragón y Levante el resultado de la sublevación fue inesperado,
teniendo en cuenta las previsiones de los conspiradores y el juicio habitual acerca de las autoridades militares. El general Cabanellas, máximo
responsable del Ejército en Aragón, había sido diputado radical y era

Barricadas en las cercanías de Alcalá de Henares los primeros días del
conflicto. Archivo General de la Administración.
Ministerio de Educación, Cultura y Deporte

miembro de la masonería, pero se sublevó arrastrando a la totalidad de
las guarniciones aragonesas. El caso de Valencia fue un tanto peregrino
pero también descriptivo de las dificultades para tomar una decisión.
Durante dos semanas los cuarteles comprometidos mantuvieron una especie de neutralidad en equilibrio precario, a pesar de que el número de
los comprometidos en la sublevación era elevado. El decantamiento final
se produjo en un momento en que la República y el gobierno del Frente
Popular parecían haber obtenido una situación ventajosa. En la importante base naval de Cartagena fueron los cambios de mandos militares
los que explican el fracaso de una sublevación que aquí parecía contar
con apoyos importantes. En Extremadura la decisión a favor de la sublevación, en Cáceres, o en contra de ella, Badajoz, dependió de las fuerzas
de orden público.

En suma, durante unos cuantos días de julio, sobre la superficie de
España quedó dibujado un mapa de la sublevación en que las iniciales
discontinuidades pronto empezaron a homogeneizarse. Los ejemplos de
este fenómeno que pueden ser citados son abundantes: Alcalá de Henares
y Albacete, por ejemplo, originariamente sublevados, fueron rápidamen-

te sometidos, mientras que el regimiento de transmisiones de El Pardo, también sublevado, se trasladó a la zona contraria. La geografía de la rebelión así resultante tenía bastante semejanza con la de los resultados electorales de febrero de 1936, prueba de la influencia del ambiente político de cada zona sobre la definición ante la insurrección. Había, por supuesto, excepciones, como la de Santander, demasiado próxima al País Vasco y Asturias como para decantarse en sentido derechista, o la de las capitales andaluzas, controladas por sus respectivas guarniciones.

Entre estas dos Españas existía todavía el 19 de julio una última posibilidad de convivencia. Esa fecha supuso, en efecto, la definitiva desaparición de la posibilidad de una transacción. De Azaña partió, en definitiva, la iniciativa más consistente –pero tardía– para evitar el enfrentamiento. Quizá pensaba que el Frente Popular era una fórmula que los acontecimientos en el verano de 1936 habían convertido ya en poco viable. Los acontecimientos acabaron demostrando que ya era demasiado tarde para hacerlo, pero Azaña, cuyas culpas en la situación parecen evidentes, tuvo el mérito de intentar en ese último momento

Francisco Largo Caballero, jefe del Gobierno de la República.
Foto: Mayo. Archivo General de la Guerra Civil Española, Salamanca.
Ministerio de Educación, Cultura y Deporte

Entrega de armas por el gobierno a una miliciana.
Foto: Albero y Segovia. Archivo General de la Administración.
Ministerio de Educación, Cultura y Deporte

evitar la guerra. El gobierno de Casares Quiroga había tratado de mantener la legalidad republicana evitando la entrega a las masas izquierdistas de las armas almacenadas en los cuarteles. La extensión de la sublevación, el exceso de confianza mostrado ante las denuncias sobre la conspiración y, en fin, su propio carácter e imprudentes manifestaciones imponían su dimisión. El 18 de julio Azaña trató de que se formara un gobierno de centro; el encargado de presidirlo fue Martínez Barrio, que venía a ser algo así como el representante de esta actitud en la política española de aquellos momentos. De acuerdo con el encargo de Azaña, debía excluir a la CEDA y a la Lliga por la derecha y a los comunistas por la izquierda. Martínez Barrio tenía la posibilidad de convencer a los más moderados o los más republicanos de los dirigentes de la sublevación, como, por ejemplo, Cabanellas. "Sería difícil –dice en sus memorias– pero se podría gobernar".

Pero no tuvo la oportunidad de hacerlo. No pudo convencer ni a Mola ni a Largo Caballero de la necesidad de una transacción, pues ninguno de ellos consideraba remediable (ni tampoco deseable) evitar la guerra civil. Mola, con quien habló Martínez Barrio, le respondió que ya era tarde, como si esto justificara no tomar en serio la posibilidad de evitar la conflagración. Lo mismo debían pensar las masas que seguían a Largo Caballero o simpatizaban con lo que él representaba, porque interpretaron el propósito del dirigente de Unión Republicana como una traición a sus intereses. "Se repetía el mismo fenómeno alucinatorio de la rebelión de Asturias –interpreta Martínez Barrio–, creer que en España la voluntad de una clase social puede sobreponerse y regir a todas las del Estado". En definitiva, fue la actitud de esas masas populares, "irreflexiva y heroica", como la describe él mismo, la que hizo inviable su propósito. En estas condiciones fue ya imposible detener a medio camino el estallido de la guerra civil. El gobierno presidido por Giral presuponía su existencia y actuó de acuerdo con ella al aceptar que se entregaran armas a las masas revolucionarias.

En realidad, antes incluso de que se hubiera formado el gobierno de Giral hubo ya en los medios gubernamentales de segunda fila quienes, gracias a mantener una actitud que consideraba el enfrentamiento inevitable, contribuyeron de manera importante a que el balance inicial del conflicto no fuera positivo para los sublevados. Los testimonios de algunos de los principales dirigentes militares republicanos son, en este sentido, muy significativos. Tagüeña dice, por ejemplo, haber pasado en los últimos tiempos "casi todas las noches de guardia en el puesto de mando de las milicias socialistas en espera del golpe militar" porque llegar al enfrentamiento era un "deseo acariciado largo tiempo". En la flota, la acción espontánea de un oficial radiotelegrafista llamado Balboa, que envió desde el centro de comunicaciones de la Armada telegramas a las tripulaciones en favor del Frente Popular, consiguió la rebelión de buena parte de ellas en contra de la oficialidad. Si existía una organización militar conspiratorial con las siglas UME, también había otra, denominada UMRA (Unión Militar Republicana Antifascista), tan minoritaria como la citada pero vigilante respecto a los intentos conspiratoriales antirrepublicanos.

A la altura del 19 de julio no solo era patente el fracaso de los intentos de llegar a una transacción sino también el del pronunciamiento

El ministro de Defensa Nacional, Indalecio Prieto, conversando con dos oficiales de Milicias. Archivo General de la Administración. Ministerio de Educación, Cultura y Deporte

imaginado por Mola, lo que hacía ya inevitable la guerra civil. Esos tres días no habían sido en absoluto resolutivos, tal como habían pensado ambos bandos. El Ejército no había actuado unánimemente y había encontrado resistencias muy fuertes de carácter popular, lo que, además, prueba que la actitud gubernamental fue mucho menos pasiva de lo que se suele afirmar. Por eso sería incorrecto presentar lo sucedido como una sublevación del Ejército o los generales en contra de las instituciones. Aunque fueran generales los principales dirigentes del bando sublevado y le dieran una impronta característica, no faltaron oficiales en la zona controlada por el Gobierno. Como ya se ha señalado, los mandos habitualmente no se sublevaron y el número de generales afectos al régimen fue elevado. Es muy posible que las diferencias de comportamiento entre la oficialidad en el momento del estallido de la sublevación derivaran de diferencias generacionales, que se sumaban a las ideológicas. Fueron los oficiales más jóvenes los que se sublevaron, hasta el extremo de que en las últimas promociones de la Academia General Militar el porcentaje de los que lo hicieron se aproxima al 100%. De todos los modos al gobierno republicano no le faltaron en un primer momento oficiales, puesto que, de los aproximadamente quince mil en activo, la mitad quedaron en la zona controlada por él. Esta cifra, sin embargo, resulta engañosa por la sencilla razón de que luego el Ejército Popular no hizo uso de ellos por desconfianza respecto a sus intenciones. A los oficiales en activo se sumaron los retirados dispuestos a colaborar, y en total se puede calcular que el Ejército Popular pudo contar con unos 5.000, cifra que era inferior en un 50% a los que combatieron en el otro bando, pero que no revela indefensión por parte de las autoridades republicanas.

En efecto, en esos momentos iniciales de la guerra la situación no era ni mucho menos tan favorable a la sublevación como lo hubiera sido en el caso de que ésta hubiera sumado a la totalidad del Ejército. El balance estaba en realidad bastante equilibrado e incluso, desde más de un punto de vista, si alguien tenía ventaja era el Gobierno. Un cómputo realizado por algunos historiadores militares afirma que aproximadamente el 47% del Ejército, el 65% de los efectivos navales y aéreos, el 51% de la Guardia Civil, el 65% de los Carabineros y el 70% de los Cuerpos de Seguridad y Asalto estuvieron a favor de los gubernamentales. La división del Ejército en casi dos mitades idénticas oculta la realidad de que su porción más escogida, la única habituada al combate y dotada de medios, la de Marruecos, estaba en su totalidad en manos de los sublevados. En cuanto a los medios navales, medidos en número de buques ofrecen un panorama todavía más aplastante, porque 40 de los 54 barcos estaban en manos de los gubernamentales. Sin embargo los sublevados pronto contaron con unidades modernas (los cruceros *Canarias* y *Baleares*) y, sobre todo, los gubernamentales no pudieron hacer patente su superioridad por tener en contra a la práctica totalidad

Marineros republicanos. Biblioteca Nacional

de la oficialidad. De unos 450 aviones, el Gobierno contó con más de trescientos, pero los aviones italianos, al ser mucho más modernos, equilibraron la superioridad gubernamental.

En lo que era patente ésta era en lo que respecta a los recursos humanos y materiales de los que inicialmente se partía. En un discurso radiado, Indalecio Prieto afirmó que "extensa cual es la sublevación militar que estamos combatiendo, los medios de que dispone son inferiores a los medios del Estado español". Prieto insistió especialmente en dos hechos: el oro del Banco de España permitía al Gobierno una "resistencia ilimitada" y además el Gobierno tenía también a su favor la mayoría de las zonas industriales, de primordial importancia para el desarrollo de una guerra moderna.

¿Cómo se explica entonces que el resultado de la guerra civil fuera tan distinto de las previsiones de Prieto? Al mismo tiempo que el Estado republicano hacía frente a la sublevación militar e impedía que ésta triunfara, se enfrentó también a una auténtica revolución social y política surgida en las mismas regiones y sectores sociales que se decían adictos. El resultado de esta situación fue que esas ventajas iniciales, tampoco tan abrumadoras, se esfumaron.

Pregonero en Valencia anunciando la incorporación a filas.
Biblioteca Nacional

"Al día siguiente del alzamiento militar –escribió Azaña cuando la guerra civil hubo terminado– el gobierno republicano se encontró en esta situación: por un lado tenía que hacer frente al movimiento (...) que tomaba la ofensiva contra Madrid; y por otro a la insurrección de las masas proletarias que, sin atacar directamente al Gobierno, no le obedecían. Para combatir al fascismo querían hacer una revolución sindical. La amenaza más fuerte era, sin duda, el alzamiento militar, pero su fuerza principal venía por el momento de que las masas desmandadas dejaban inerme al Gobierno frente a los enemigos de la República". Por eso, añadía el presidente de la República, la principal misión del Gobierno a lo largo de toda la guerra civil debió ser, precisamente, "reducir aquellas masas a la disciplina". Nunca una frase ha resumido tan bien un proceso

Cartel de propaganda de UGT, CNT y UHP.
Archivo General de la Administración.
Ministerio de Educación, Cultura y Deporte

Reparto de víveres entre soldados republicanos en diciembre de 1936.
Biblioteca Nacional

tan complicado como el que tuvo lugar a partir de julio de 1936. Si la República fue derrotada, parte de las razones residen en el hecho de que no se hubiera conseguido concluir el proceso de normalización.

En la España de 1936 la revolución real fue la respuesta a una contrarrevolución emprendida frente a una revolución supuesta. En adelante, guerra y revolución jugaron un papel antagónico o complementario, según la ideología de cada uno. En los primeros momentos no fueron tan solo los anarquistas quienes defendieron la primacía de la revolución, sino que este sentimiento estuvo mucho más extendido. *Claridad*, el diario de Largo Caballero, que acabaría siendo presidente del Consejo, lo hizo literalmente. La evidencia y también el espectáculo de algo tan poco habitual en Europa como una revolución, fue lo que atrajo a tantos extranjeros a visitar España, de la que dieron a menudo una impresión colorista pero no siempre acertada. Algunos de ellos ofrecen una visión inigualable de la Barcelona de las primeras semanas de la guerra. Parecía "como si hubiéramos desembarcado en un continente diferente a todo lo que hubiéramos visto hasta el momento. En efecto, a juzgar por su apariencia exterior (Barcelona) era una una ciudad en que las clases adi-

Reunión de un comité de vecinos.
Archivo General de la Administración.
Ministerio de Educación, Cultura y Deporte

neradas habían dejado de existir". Todo el mundo vestía como si fuera proletario, porque el sombrero o la corbata eran considerados como prendas "fascistas", hasta el punto de que el sindicato de sombreros debió protestar por esta identificación. El tratamiento de "usted" había desaparecido y se respiraba una atmósfera de entusiasmo y alegría, aunque la existencia de una guerra civil se apreciara en la frecuente presencia de grupos armados, mucho más necesarios en el frente que en la retaguardia.

En las descripciones de los extranjeros brilla ante todo un interés entusiasta por la novedad. La realidad es, sin embargo, que a menudo los viajeros extranjeros, amantes de las emociones fuertes, no tuvieron en cuenta los graves inconvenientes que la situación revolucionaria tuvo para los intereses del Frente Popular. Los organismos revolucionarios recortaron el poder del Estado pero también lo suplieron en unos momentos difíciles. En cualquier caso, lo sucedido en España poco tuvo que ver con lo acontecido en Rusia en 1917 o en Alemania en 1918. Allí la revolución engendró unos soviets o unos consejos que permitieron sustituir por completo, aunque solo temporalmente en el segundo de los casos, la organización estatal. En España existió una pluralidad de opciones que impidió el monopolio de una sola fórmula, obligó al prorrateo del poder político y lo fragmentó gravemente; por si fuera poco, no creó un único entusiasmo y menos una disciplina como la que Trotski impuso al ejército bolchevique, sino que los entusiasmos de las diferentes opciones resultaron en buena medida incompatibles.

Madariaga ha señalado cómo la causa que representaba la República, es decir, la tradición de Francisco Giner, fue sepultada entre las Españas que representaban otros dos Franciscos, Franco y Largo Caballero. El gobierno de Giral se vio obligado a una parálisis radical motivada por una situación de la que él mismo no era culpable y a la que no podía enfrentarse. Cuando, en julio, prohibió los registros y detenciones irregulares no fue atendido, y cuando ordenó, al mes siguiente, la clausura de los edificios religiosos no hizo sino levantar acta de lo que ya sucedía. Formado el Gabinete de modo exclusivo por republicanos de izquierda, no representaba la relación de fuerzas existente en el Frente Popular, pero la impotencia no solo es atribuible a ese Gabinete sino también al siguiente. Cuando el gobierno de Largo Caballero quiso abandonar Madrid ante la amenaza de las tropas de Franco, algunos ministros fueron obligados a retroceder por la imperiosa fuerza de las armas.

Mientras tanto se había producido "una oleada de consejismo" que pulverizó el poder político. Siguiendo una larga tradición histórica española que se remonta hasta la guerra de la Independencia, cada región (o incluso cada provincia y cada localidad) presenciaron la constitución de Juntas y consejos que, a modo de cantones, actuaron de manera virtualmente autónoma. Un recorrido por la geografía controlada por el Frente Popular demuestra que no hay exageración en estas palabras. En el mismo Madrid la salida del Gobierno provocó la creación de una Junta. En Barcelona las armas logradas por la CNT provocaron que el Comité de Milicias Antifascistas redujera a la Generalitat, en los primeros momentos, a la condición de mera sancionadora de decisiones que no tomaba; a su vez la Generalitat pretendió hacer crecer su poder a expensas de la Administración Central. En Asturias hubo inicialmente dos comités, el de Gijón, anarquista, y el de Sama de Langreo, socialista. El Consejo de Aragón, formado gracias a las columnas anarquistas procedentes de Cataluña, tuvo una especie de consejo de ministros propio.

"Nunca se conocerá con seguridad la magnitud de nuestras pérdidas durante aquellos días, dada nuestra gran inexperiencia y lo poco versados que estamos en el arte de la guerra", ha escrito uno de los mejores militares republicanos, Tagüeña. En efecto, la revolución supuso la ineficacia militar en los primeros meses de la guerra, de modo que de nada sirvió que las fuerzas fueran equilibradas el 18 de julio, porque la realidad es que en la zona del Frente Popular no solo se descompuso la maquinaria del Estado sino que incluso desapareció el ejército organizado, siendo sustituído por una mezcolanza de milicias políticas y sindicales junto a unidades del Ejército que ya no conservaban sus mandos naturales. La indisciplina hizo frecuente que los milicianos madrileños combatieran unas horas pero volvieran luego a dormir a sus hogares. Las columnas anarquistas tenían

Manifestación de trabajadores y milicianos en Barcelona.
Biblioteca Nacional.

nombres sonoros, pero que se correspondían poco con su eficacia. En esas circunstancias, cuando nadie era capaz de saber qué efectivos había en el frente, la ventaja o la igualdad de partida lograda por el Frente Popular estaba condenada a disiparse. Así se entiende también que no existiera ni unidad en los propósitos, ni selección de prioridades en el bando frentepopulista, que pareció más interesado en conquistar pequeños pueblos aragoneses que en evitar que Franco cruzara el estrecho de Gibraltar.

La importancia de la revolución rebasa este aspecto militar y político de directa e inmediata influencia sobre el desarrollo de las operaciones. Hay otro aspecto, el económico-social, que despertó el interés de los extranjeros que visitaron España para solidarizarse con la revolución. En una época muy posterior, durante los años sesenta y setenta, fue muy habitual considerar que en España se había dado el primer y único caso de revolución anarquista llevada a la práctica. Incluso quienes defendieron fórmulas de socialismo autogestionario y descentralizado no relacionadas propiamente con el anarquismo pensaron que el caso español revestía un interés singular. Pero hasta una fecha muy reciente no se

Tren que utilizó la UGT en el proceso de colectivización.
Archivo General de la Guerra Civil Española, Salamanca.
Ministerio de Educación, Cultura y Deporte

Manifestación en las calles de Valencia en 1936.
Archivo General de la Guerra Civil Española, Salamanca.
Ministerio de Educación, Cultura y Deporte

ha iniciado una labor de investigación monográfica, y la realizada tampoco permite ofrecer un balance completo de lo sucedido. La razón estriba en que la literatura propagandística de la revolución es poco proclive a ofrecer datos concretos. Cabe, sin embargo, establecer algunas conclusiones generales.

En primer lugar, ha de partirse de que la colectivización no fue un fenómeno impuesto sino espontáneo. La excepción podría estar constituida por el campo aragonés, en donde no existía un sindicalismo organizado y fueron las columnas anarquistas procedentes de Cataluña las que impusieron la revolución. Por otro lado, no puede decirse que las colectivizaciones partieran de cero: aparte de la experiencia del intento revolucionario asturiano, estaba también la de los arrendamientos colectivos de la tierra, que en algunas provincias (Jaén) habían tenido una importancia destacada. Fue muy característico del proceso revolucionario el desarrollo de una enorme variedad de fórmulas.

El volumen del proceso colectivizador es muy difícil de calcular. De todas las maneras, es difícil exagerar la importancia del proceso y basta para demostrarlo con citar dos datos fiables: según fuentes anarquistas, tres millones de personas habrían participado en el proceso colectivizador agrario, y según cifras oficiales habrían sido expropiadas cinco millones y medio de hectáreas, que suponían el 40% de la superficie útil. De ser así resultaría que el cambio de propiedad de la tierra durante la revolución española habría sido superior a la primera etapa de la revolución soviética.

Con todo, la impresión de variedad resulta predominante, de tal manera que ese porcentaje global significa muy poco. En Cataluña y Valencia la colectivización agraria parece haber sido un fenómeno marginal. La forma de propiedad y el propio ansia del campesino de tenerla y explotarla individualmente impidieron o dificultaron las colectivizaciones. En cambio en otras regiones los porcentajes de tierra que cambiaron de dueño fueron muy superiores. La tierra expropiada fue en Ciudad Real el 56% del total, y en Albacete, el 33%, pero todavía el porcentaje resultó mayor (65%) en Jaén, donde el 90% fue, además, colectivizado. El ritmo de la revolución agraria varió también e idéntica sensación de variedad da la significación política de las colectivizaciones. Aragón fue la única región en que parece haber tenido un claro predominio la CNT. Caspe, capital del Consejo de Aragón, tenía antes de la llegada de las columnas anarquistas una significación netamente conservadora. En Valencia hubo una enorme diferencia entre las poblaciones que tenían una larga tradición anarquista y aquellas otras en las que no era éste el caso; la mayor parte de las colectividades fueron de la CNT, pero, como se ha dicho, el fenómeno tuvo unos efectos restringidos. Frente a lo que en principio podría pensarse, en Andalucía la UGT tuvo tanta importancia en las colectivizaciones como los anarquistas.

Si la composición política variaba, también lo hacía la forma de explotación agraria. De ello pueden haber sido responsables principalmente los anarquistas, que habían declarado que en el momento de llegar la revolución "cada cual propiciará la forma de convivencia social que más le agrade". Algún viajero extranjero describe casos en donde el anarquismo organizó una especie de comunas primitivas autosuficientes que, cuando necesitaban un producto, recurrían al simple trueque con un pueblo de la vecindad. Fue bastante frecuente la supresión del dinero o incluso la prohibición de bebidas alcohólicas y el cierre del bar.

Milicianos colectivizando una oficina bancaria.
Archivo General de la Administración.
Ministerio de Educación, Cultura y Deporte

Idéntica variedad parece haberse dado también en el ámbito urbano. Es muy posible que tres cuartas partes de la población obrera barcelonesa trabajaran en centros colectivizados, mientras que solo la mitad lo hacía en Valencia y un tercio en Madrid; en Asturias la colectivización industrial fue muy importante, pero en el País Vasco mucho menor. En Barcelona hubo una práctica desaparición de los patronos y una mediatización evidente por parte de los sindicatos, pero las fórmulas precisas de explotación solo pueden ser adivinadas, teniendo en cuenta que las autoridades (en este caso, la Generalitat) fueron imponiendo progresivamente fórmulas que facilitaran su control. En octubre de 1936 fueron colectivizadas todas las fábricas de más de cien trabajadores, las que hubieran sido abandonadas por sus dueños o aquéllas en donde éste fuera partidario de los rebeldes, pero siguieron subsistiendo empresas privadas de menor tamaño y con control sindical.

La importancia de la revolución económica y social que tuvo lugar en la zona controlada por el Frente Popular durante las primeras semanas de la guerra civil difícilmente puede ser exagerada. Cabe adelantar que, siendo en este caso mucho más difícil hacer un balance que aquél esbozado líneas atrás acerca de la revolución política, hay indicios de que el efecto pudo ser parecido. El propio interés de los responsables del Gobierno Central o de la Generalitat por controlar la agricultura y la industria lo demuestran, y es obvio que la pretendida autosuficiencia de las colectivizaciones no ayudaba al esfuerzo bélico. Pudo haber un número más o menos alto de ellas que fueron bien administradas, incluso a pesar de las dificultades impuestas por la guerra, pero en las industrias claves, como la de armamento, acabó por producirse una rigurosa centralización.

Una consecuencia inmediata de que la guerra civil fuera irreversible fue que ambos bandos demonizaron al adversario y juzgaron que lo más urgente era exterminarle físicamente. Hubo momentos iniciales en que se dejó escapar al enemigo o se pactó una cierta neutralidad que luego parecería imposible. Pero esta situación duró poco y, luego, la represión fue el testimonio de que se había iniciado la guerra civil, aunque también contribuyó definitivamente a hacerla irreversible. El primer fenómeno que se produjo en el bando del Frente Popular no fue el intento de llevar a cabo una revolución social, como tampoco en sus adversarios se trató una restauración de los principios tradicionales. Antes que nada, lo que se produjo fue el terror, la eliminación física del disidente, efectivo o potencial.

Los motores del terror en una y otra zona fueron idénticos. Nadie los describió mejor que Azaña en sus escritos posteriores al conflicto. "Los

Tropas evacuando una población.
Archivo General de la Administración.
Ministerio de Educación, Cultura y Deporte

impulsos ciegos que han desencadenado sobre España tantos horrores –escribió– han sido el odio y el miedo. Odio destilado, lentamente, durante años en el corazón de los desposeídos. Odio de los soberbios, poco dispuestos a soportar la insolencia de los humildes. Odio a las ideologías contrapuestas, especie de odio teológico, con que pretenden justificarse la intolerancia y el fanatismo. Una parte del país odiaba a la otra y la temía. Miedo de ser devorado por un enemigo en acecho: el alzamiento militar y la guerra han sido, oficialmente, preventivos para cortarle el paso a una revolución comunista (...) La humillación de haber tenido miedo y el ansia de no tenerlo más atizaban la furia".

Pero si esos fueron los mecanismos esenciales del terror, indistintos en cada uno de los bandos, es preciso preguntarse por las posibles diferencias. El hecho de que ya se hayan iniciado investigaciones muy detenidas sobre el particular permite hacer algunas indicaciones al respecto. Hubo en los dos bandos una represión sangrienta carente de cualquier tipo de formalidad que recibió el nombre, entre sarcástico y brutal, de "paseo". Esta fórmula represiva fue practicada, principal pero no exclusivamente, al comienzo de la contienda y por una reducida minoría. La significación ideológica de las bandas que practicaron este tipo de bárbara venganza es poco precisable, pero hay algunos datos significativos: por ejemplo, de dos poblaciones cercanas, como eran Sabadell y Tarrasa, el número de victimas fue el triple en la segunda, donde la influencia de la FAI era muy superior. Los casos de militantes anarquistas más decididamente protestatarios de ese empleo de la violencia corresponden a dirigentes moderados. Hay que tener en cuenta que en la zona del Frente Popular la liberación de los presos tuvo como consecuencia la existencia de un poder represivo paralelo que, de hecho, estaba en manos de delincuentes. Simultáneamente con lo que caracterizó a este sector en las primeras semanas de la guerra civil el "terror rojo", aparte de cruel, resultó también ineficaz: la vida dependió muy a menudo de la pura arbitrariedad de las bandas armadas, cuyas prácticas tenían poco de sistemático. El paseo, o represión indiscriminada practicada por elementos irregulares, también fue una fórmula bastante habitual en la primera fase de la guerra en el bando adversario. Resulta, sin embargo, más difícil identificar la significación ideológica de quienes los

El comandante de ingenieros Ortiz, capturado por los milicianos.
Biblioteca Nacional

practicaban. En uno y otro caso el paseo no desapareció completamente hasta el final de la guerra. En Cataluña, por ejemplo, cuando entraron las tropas de Franco todavía se produjeron medio centenar de muertes sin pasar por ningún tipo de formalidad jurídica y, al mismo tiempo, fue asesinado, también por incontrolados, el último de los obispos que pereció en el conflicto (el de Teruel). Hasta el mismo final de la guerra no fue extraño que cuando era tomada una posición que había costado a los atacantes un fuerte derramamiento de sangre se produjera la ejecución de parte o de todos los resistentes.

Con el paso del tiempo, el paseo fue sustituido por fórmulas aparentemente jurídicas que, en realidad, suponían la suplantación de los mecanismos hasta entonces habituales de aplicación de la Ley y que, dejando en la práctica poco menos que indefensos a los acusados, redujeron de manera considerable el número de ejecuciones. Tanto los tribunales militares como los populares estaban en su mayoría en manos de personas que no eran jueces; si acaso cabe adivinar un carácter más sistemático y uniforme en los primeros que en los segundos. La justicia militar redujo a residual la restante en el bando sublevado adquiriendo una desmesurada aplicación. En la zona contraria se crearon los tribunales populares, de los que solo tres miembros eran funcionarios judiciales, mientras que catorce representaban a los partidos pertenecientes al Frente Popular.

Ha habido quien ha tratado de establecer una distinción entre el terror practicado en la zona frentepopulista y el de la sublevada: el primero habría sido espontáneo y descontrolado y, sobre todo, se habría producido *a posteriori*, ante la impotencia de las autoridades, que hubieran querido reprimirlo; en cambio los sublevados lo habrían practicado de modo sistemático y previo. No en vano Mola había indicado que el movimiento debía ser muy violento e incluso que "es necesario propagar una atmósfera de terror". Tal caracterización, sin embargo, no parece acertada. El exterminio del adversario se produjo en los dos bandos y de manera espontánea a partir del momento de la sublevación. Es cierto que hubo más declaraciones públicas condenatorias de la represión indiscriminada en la zona republicana: nadie (y menos aun nadie dotado de tanta autoridad, al menos teórica) hizo en el otro bando un discurso parecido al de Azaña en demanda de "paz, piedad y perdón". Sin embargo debe tenerse en cuenta que en el bando adversario la libertad de prensa no existía en absoluto y la posibilidad de discrepancia interna era mucho menor. Por eso cuando Yagüe hizo un discurso pidiendo clemencia para el enemigo recibió una reprimenda y una sanción, no tanto por lo que había dicho sino por expresar discrepancias. Es también significativo que las palabras más duras contra el terror hayan sido las de un obispo, el de Pamplona, Olaechea. Aunque haya diferencias entre el terror de uno y otro bando, lo que fundamentalmente llama la atención es la profunda similitud del practicado por las dos Españas enfrentadas en guerra. Las verdaderas diferencias residen en las actitudes personales, producto de sensibilidades diferentes que podían darse por igual en los dos bandos.

Respecto a los destinatarios de la represión puede, en principio, aceptarse lo que escribió Azaña: "En el territorio ocupado por los nacionalistas fusilaban a los francmasones, a los profesores de universidad y a los

Prisioneros republicanos en la plaza de toros de Santander.
Biblioteca Nacional

maestros de escuela tildados de izquierdismo, a una docena de generales que se habían negado a secundar el alzamiento, a los diputados y ex-diputados republicanos y socialistas, a gobernadores, alcaldes y una cantidad difícilmente numerable de personas desconocidas; en el territorio dependiente del gobierno de la República caían frailes, curas, patronos, militares sospechosos de fascismo, políticos de significación derechista". Llama la atención en la exacta descripción de Azaña la mención entre los destinatarios de la represión en la zona republicana de los frailes y sacerdotes. Eso explica el carácter religioso de la guerra.

La violencia represiva se puede apreciar de modo preciso haciendo referencia al destino sufrido por un grupo humano reducido como era el de los representantes parlamentarios. En plena guerra los rebeldes habían ejecutado a unos cuarenta diputados del Frente Popular, mientras que el Frente Popular había hecho seguir el mismo trágico destino a veinticinco de la derecha; uno de cada cinco diputados de los dos grupos más nutridos de las Cortes (PSOE y CEDA) fueron eliminados durante la guerra.

Si es posible hacer un balance de la mortalidad represiva en un grupo reducido como es el Parlamento, sigue habiendo duras controversias acerca del volumen total de la misma y de la responsabilidad de cada uno de los bandos. Hay, por supuesto, muchos cómputos, pero la mayor parte no solo no se basan en ningún criterio de carácter científico, sino que ni lo intentan. El primer balance general elaborado cuidadosamente se ha realizado a partir de las inscripciones en los registros civiles. De acuerdo con ellos resultaría que las ejecuciones en la zona controlada por el Frente Popular fueron alrededor de 72.500, mientras que las que tuvieron lugar en la zona sublevada fueron 35.500. Sin embargo, los estudios monográficos de carácter provincial o local muestran disparidades muy importantes con estas cifras. Así como las inscripciones registrales de los asesinados derechistas se hicieron siempre, no sucedió lo mismo en lo que respecta a los muertos del Frente Popular. En ese cómputo global se pueden considerar más atendibles los datos relativos al terror rojo que al blanco. En cuanto a las cifras de ejecuciones en la zona sublevada, la infravaloración de los registros sería del 30% en la mayor parte de los casos, pero hay quien la ha hecho tres veces superior. En definitiva, no es posible ofrecer datos acerca de la represión para toda España que sean fiables, sino tan solo de alguna región o provincia. En Cataluña la represión de la que fueron objeto las derechas se cobró unas 9.000 víctimas y la franquista, a medida que fue siendo ocupada la región, resultó ser de unas 3.400 personas. Estas cifras, sin embargo, resultan difícilmente extrapolables, porque Cataluña fue la única región de donde pudo producirse una emigración masiva a medida que avanzaban las tropas de Franco. La única proporción no discutida por los historiadores es la que se refiere al porcentaje de muertos como consecuencia de la represión en comparación con el total de los producidos por la guerra civil: la cifra se acercaría a la mitad (lo que resulta un testimonio de la barbarie de la guerra).

En cambio puede existir coincidencia entre los investigadores respecto lo que podríamos denominar como la geografía de la represión. Fue en aquellas zonas en las que el miedo al adversario era, como consecuencia de la situación militar, especialmente grave donde la represión fue más sangrienta. El terror blanco fue muy duro en Zaragoza y Córdo-

Los componentes del grupo "La Barraca", con Federico García Lorca.
Fundación Federico García Lorca

ba, en la primera línea de combate, así como en general en toda Andalucía y, sobre todo, en Málaga, donde había habido una previa represión cuando estaba controlada por el Frente Popular. El terror rojo tuvo una especial significación en tres grandes capitales (Madrid, Barcelona, Valencia) gracias a esa carencia de control inicial, pero también en zonas de combate, como Teruel.

Las cuestiones relativas a la represión provocada por cada uno de los dos bandos siguen siendo las más debatidas de la guerra civil en el momento actual y entre ellas resultan especialmente polémicas dos: los asesinatos de Paracuellos del Jarama y el de Federico García Lorca. A ellos habrá que hacer una breve alusión.

En Madrid, a la altura de los primeros días de noviembre de 1936, cuando el Gobierno abandonó la capital había unos 10.000 presos de los que un número elevado eran militares. En el periodo de un mes a partir del momento en que se hizo cargo una Junta de Defensa, en la que Santiago Carrillo era responsable del Orden Público, hubo unas 2.400

ejecuciones sumarias en Paracuellos, en un momento en que la situación bélica era especialmente comprometida. Parece comprobado que de lo sucedido puede haber tenido responsabilidad algún elemento subordinado de Orden Público, como Serrano Poncela, quien habló por radio de la "evacuación definitiva" de los presos, y algún asesor soviético. Pero la polémica se centra sobre todo en si tuvo conocimiento Carrillo de lo que sucedía o si pudo evitarlo. Él asegura que no lo conoció y que no controlaba el entorno madrileño. En cualquier caso, no parece que hubiera decisión alguna de impedir estas ejecuciones sumarias.

Como en Madrid, la situación vivida en Granada en agosto de 1936 era crítica. La ciudad había soportado la repetición de las elecciones, el incendio del diario de derechas y las dudas del general Campins hasta decidirse a la sublevación. Luego Granada fue sitiada durante casi un mes y bombardeada, con el resultado de más de un centenar de muertos. Lorca fue asesinado en un mes en que sufrieron la misma suerte más de 500 personas. No era un hombre significado políticamente, aunque tuviera claras simpatías por la izquierda. En el mismo mes fueron ejecutados el alcalde de la ciudad, su cuñado y buena parte de los concejales de izquierda, así como media docena de catedráticos, entre ellos el rector de la Universidad. Los responsables directos de la detención de Lorca fueron un antiguo diputado de la CEDA y un oficial, pero los ejecutores fueron guardias de Asalto y no cabe la menor duda de que las autoridades supremas de la ciudad conocieron lo que estaba sucediendo.

Si la guerra civil constituyó un testimonio de barbarie, hubo también quienes hicieron todo lo posible por evitarla. Determinados países hispanoamericanos como Chile o Argentina iniciaron, durante el sitio de Madrid, una política de asilo en sus representaciones diplomáticas que llegó a beneficiar a 11.000 personas. Se trataba de gentes que intentaban evitar ser objeto de una presumible represión y no de miembros de la llamada *Quinta Columna*. Nunca en la historia se había producido nada semejante y no fue el único testimonio de la intervención humanitaria de otras potencias en nuestra guerra. Gran Bretaña, que no practicó el asilo en su embajada, acogió, en cambio, a 30.000 personas cuando cayó el frente norte.

LA IGLESIA ANTE LA GUERRA CIVIL

La dureza de la contraposición entre clericalismo y anticlericalismo durante los años republicanos revela que la cuestión no era en absoluto indiferente para la sociedad española. Ésta, sin embargo, vivió con tensión variable el problema, que, siendo muy agudo en el primer bienio, lo fue mucho menos luego. Sin embargo los militares sublevados en sus bandos no hicieron alusión a la cuestión religiosa, en la que, por tanto, no parecen haber estado primordialmente interesados; la dictadura que pretendían crear, de acuerdo con sus planes iniciales, era republicana y además laica. Eso, sin embargo, no quiere decir que fuera dudoso el alineamiento de los católicos una vez producido el conflicto.

En la zona controlada por las autoridades republicanas se produjo una durísima persecución en contra del clero católico. Es cierto que este fenómeno se concentró en los meses de julio y agosto de 1936, semanas

Seminaristas en una calle de Burgos.
Biblioteca Nacional

en las que tuvo lugar la mitad de los asesinatos de sacerdotes, pero los anarquistas protestaron vivamente cuando Negrín trató de restablecer la libertad de cultos. Si las cifras de asesinatos como producto de la represión son todavía más o menos discutibles, en cambio la magnitud de la represión ejercida sobre el clero resulta conocida. Murieron 4.184 miembros del clero secular, 2.365 religiosos y 283 religiosas, es decir, un total de 6.832 personas. La magnitud de estas cifras se aprecia en términos relativos e históricos. Se puede calcular que desaparecieron un 13% de los sacerdotes y un 23% de los miembros de las órdenes religiosas. La geografía hace pensar en el papel desempeñado en estas ejecuciones por los incontrolados de carácter más o menos anarquista,

Iglesia utilizada por la CNT como hospital. Foto: Kati Horna.
Archivo General de la Guerra Civil Española, Salamanca.
Ministerio de Educación, Cultura y Deporte

Salida de misa de altos mandos del ejército sublevado en Burgos, acompañados del arzobispo de esta ciudad y del obispo de Vitoria.
Biblioteca Nacional

pero no pueden atribuirse tan solo a este sector los crímenes porque en una ciudad grande como Madrid, en donde era más fácil ocultarse y no existía apenas anarquismo, murió el 30% del clero, cifra aun mayor que en Barcelona. Es probable que ésta haya sido la persecución mas sangrienta de la historia de la cristiandad, solo comparable a la producida durante la revolución francesa o el imperio romano.

En última instancia, lo de menos es el número de asesinados, ante la realidad de que durante meses bastaba el hecho de ser sacerdote para ser asesinado, por supuesto sin formación de causa alguna. En la zona controlada por el Frente Popular el culto simplemente desapareció y solo de forma clandestina pudo ser practicado en privado. Fueron destruidos quizá 20.000 edificios, muchos de ellos de interés artístico y la Iglesia española en la zona republicana se vio obligada a vivir en una situación semejante a la de las catacumbas.

La incógnita sigue siendo cómo resultó posible esta persecución y cuál fue el detonante de este estallido de odio. Se pagaron así los pecados colectivos de la institución eclesiástica y hubo una especie de "venganza por defraudación". Pero aun así, tamañas atrocidades, de todo punto injustificables, requieren una interpretación que todavía no se les ha dado. El carácter paródicamente religioso, casi ritual, de los ataques contra edificios y personajes religiosos y la repetición de este tipo de atentados desde el comienzo del siglo XIX requieren, sin duda, una explicación convincente que todavía nos resulta imposible.

Convento de Santa Isabel de los Reyes de Toledo, después del saqueo.
Biblioteca Nacional

Franco recibido en Sevilla por el cardenal Ilundain y el general Queipo de Llano.
Biblioteca Nacional

Se ha dicho que la posición de la jerarquía eclesiástica española fue adoptada un tanto tardíamente, después de la primera intervención papal acerca de nuestro país y como consecuencia de la persecución. La verdad es, sin embargo, que menudearon las declaraciones antes de que se produjera la papal y que en ellas se adoptó una actitud inequívocamente partidaria de los sublevados; tal actitud fue espontánea y en ella pudo desempeñar un papel muy importante la persecución, aunque es imaginable que se hubiera producido sin esta última en términos semejantes. Hubo una docena y media de textos episcopales inequívocos en las primeras ocho semanas de la guerra civil, en alguno de los cuales ya se utilizó el término "cruzada" para designar lo que acontecía en España. También en una fecha muy temprana, durante el mes de agosto, dos obispos, los de Vitoria y Pamplona, condenaron la posición de los nacionalistas vascos, contrarios a los sublevados, por su colaboración con los comunistas. El autor de este escrito era el primado de España, Gomá, que desde el final de la época republicana era ya, de manera absolutamente clara, el dirigente decisivo de la Iglesia española. La condena del comunismo conectaba con las últimas declaraciones papales, pero la primera intervención del pontífice sobre la España en guerra, producida a mediados de septiembre, empleaba un lenguaje bastante diferente al de los prelados españoles al reclamar el perdón, invocar la paz y aludir a las causas justas de las reivindicaciones sociales. Esta alocución no fue publicada en la España sublevada. En ese mismo mes el obispo Plá y Deniel, futuro primado, publicaría una pastoral, *Las dos ciudades,* muy expresiva de la visión habitual en la jerarquía eclesiástica y consistente en presentar la contienda, de acuerdo con los ideales de cruzada, como el resultado del enfrentamiento entre el Bien y el Mal.

Los obispos españoles no se contentaron con resguardar la situación preexistente, sino que, a lo largo de 1937, hicieron una "sobreinterpretación católica" del conflicto, insistiendo en los factores religiosos y señalando la necesidad de una radical cristianización de la sociedad española. El clima bélico motiva este planteamiento, que resultó perdurable y que no era fácilmente entendido por católicos de otras latitudes. Así se explica la carta colectiva de los obispos españoles en agosto de 1937. Pensada originariamente por Gomá, se convirtió en una realidad gracias en parte a la sugerencia de Franco. La carta no tenía como destinatarios a los católicos españoles, ya suficientemente convencidos, sino a los prelados extranjeros y eludía el empleo del término cruzada. De acuerdo con su interpretación, la República habría hecho a la Iglesia "víctima principal" de su obra de gobierno, y la guerra habría resultado inevitable como consecuencia de una previa revolución comunista ya preparada y "documentalmente probada".

Esto último no era cierto, pero no era ese el único inconveniente de la carta colectiva, que no parecía tener en cuenta la importancia del conflicto social en el origen de la sublevación, parecía olvidar la represión de los sublevados y el caso de los vascos y, en fin, se mostraba muy alejada de los valores democráticos. Lo curioso del caso es que, no mucho después, Gomá pudo apreciar en el Nuevo Estado peligrosos síntomas que hacían desvanecerse sus esperanzas de una catolización radical de la sociedad española. Todavía fue más notoria su reticencia respecto al Nuevo Estado una vez obtenida la victoria definitiva: la pastoral *Lecciones de la guerra y deberes de la paz,* de octubre de 1939, no pudo ser difundida.

Misa y reparto de comunión en el frente republicano de Vizcaya.
Biblioteca Nacional

Esta reticencia se explica por la actitud del Vaticano respecto a los movimientos fascistas y, en especial, del nazismo, influyente en los medios dirigentes españoles. De todas las maneras en Roma, de hecho, desde fecha muy temprana hubo una actitud en lo tocante a los sucesos españoles que permite apreciar una diferencia de clima con relación a España. La opinión que del catolicismo español se tenía en Roma no era muy halagadora para este último, a pesar de que tendiera a considerarse a sí mismo como un ejemplo a imitar. Aunque en el verano de 1937 estuvo en España un representante de la Santa Sede, Antoniutti, las relaciones entre el gobierno de Franco y la Santa Sede no se normalizaron hasta abril de 1938, momento en que se intercambiaron representantes diplomáticos. A estas alturas el gobierno franquista y su representante en Roma tenían importantes puntos de discrepancia con el Vaticano, que se referían a la validez del Concordato, cuestión importante pues permitía mediatizar el nombramiento de los obispos, a la voluntad de sustituir al Cardenal Vidal i Barraquer y al convenio cultural con Alemania, al que la Santa Sede atribuía una "gravedad excepcional".

Aparte de la habitual prudencia de la diplomacia vaticana, su actitud respecto la guerra civil española se explica también por la profunda división que estos acontecimientos produjeron en la conciencia católica. Quizá en España fue donde se produjo una menor escisión, aunque también existió, como lo prueban los casos de Euskadi, Cataluña y un puñado de intelectuales.

En el País Vasco la actitud de los nacionalistas fue mayoritariamente partidaria de la fidelidad a la República. La posición de los nacionalistas vascos fue objeto de una dura controversia. En esencia, el PNV insistió en que la guerra civil tenía como razón de ser un enfrentamiento social y no religioso; los sublevados, escribió el canónigo Onaindía, habían incumplido los preceptos de la Iglesia sobre el acatamiento al poder constituido y habían iniciado la ofensiva contra quienes no les atacaban. La aspereza de la división se aprecia en el hecho de que de los 47 sacerdotes asesinados en el País Vasco, 14 lo fueron por las tropas de los sublevados; es posible que, como dijo Franco a Gomá, ese hecho fuera producto del "abuso de autoridad de un subalterno", pero acabó provocando la protesta indignada del obispo de Vitoria, Múgica, que en octubre de 1936 abandonó la zona controlada por Franco. En realidad Múgica, integrista, no podía ser calificado como partidario del PNV, al que en su correspondencia acusó de ir "de tumbo en tumbo", pero sintió la urgencia de defender al clero de su diócesis.

También en Cataluña existía un catolicismo que difícilmente podía alinearse del lado de los sublevados. Testimonio suyo puede ser el propio Vidal i Barraquer, perseguido por los anarquistas y salvado por la Generalitat y que, con Múgica, fue el único prelado en negarse a suscribir la carta colectiva del verano de 1937. Preguntado por Gomá, respondió que la juzgaba "más propia de la propaganda" que de la firma de quienes la iban a suscribir. De los dirigentes católicos nacionalistas hubo uno, Carrasco Formiguera, que, perseguido primero por la CNT, luego cayó en manos de los sublevados y resultaría ejecutado en abril de 1938.

Con todo, habiéndose producido una división manifiesta en el catolicismo peninsular respecto a la guerra, el decantamiento fue mayoritariamente favorable a los sublevados, lo que no se produjo en otras latitudes. La guerra española conmovió al catolicismo universal, lo dividió y le causó graves problemas. Así sucedió especialmente en

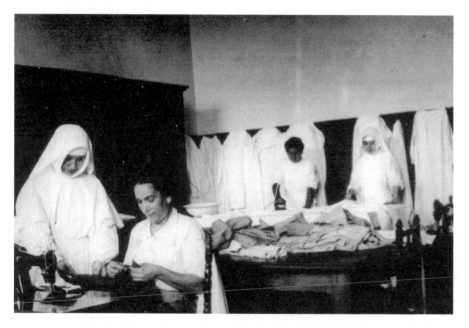

Sala de labor y costura de ropas para heridos y enfermos del
hospital de prisioneros de guerra de Deusto.
En primer término, Bernarda Ibárruri, hermana de "Pasionaria".
Biblioteca Nacional

Francia, donde hubo partidarios de los vascos, intentos de lograr la
mediación y condenas de la visión de la guerra como cruzada (en el caso
de Maritain). En general, la carta colectiva contribuyó de una manera
importante a alinear a la jerarquía eclesiástica de todo el mundo en la
condena a la persecución religiosa, aunque no puede decirse lo mismo
sobre el ideal de cruzada, que muy pocos suscribieron. En los países an-
glosajones, donde la totalidad de los católicos se identificaban con las
instituciones democráticas, el caso español atajó su integración en ellas
y provocó graves problemas de conciencia, sobre todo teniendo en
cuenta la escasa información.

En suma, la persecución religiosa agravó considerablemente los
problemas de imagen externa de la República sin que hubiera una reacción
pronta y decidida en contra de esa situación por parte de los dirigentes
republicanos. Largo Caballero nombró ministro al nacionalista vasco Irujo,
pero éste no ocupó ninguna cartera por el momento. La situación cambió

cuando Irujo fue ministro de Justicia bajo el gobierno Negrín: aunque éste se guiaba por el puro pragmatismo, Irujo consiguió al menos una cierta tolerancia, consistente en el mantenimiento de un culto católico entre privado y clandestino. Era, sin embargo, demasiado tarde para que los dirigentes republicanos obtuvieran ninguna ventaja de un cambio tan solo tímido.

En abril de 1939, ocultando la realidad de unas relaciones que tenían muchos puntos de fricción, se celebró un acto que puede considerarse como el punto de partida del nacional-catolicismo en la iglesia madrileña de Santa Bárbara. En él Franco recibió la espada de la victoria de manos de Gomá, mientras pronunciaba unas palabras en las que describió a sus adversarios como los "enemigos de la verdad religiosa". El acto resulta literalmente incomprensible sin tener en cuenta la experiencia histórica de la persecución previa.

Julián Marías ha escrito que al principio de la guerra civil cabía esperar que la Iglesia fuera perseguida o profanada; padeció de ambas cosas, persecución y profanación, practicadas cada una por un bando. Fue injustificable la persecución e intolerable la actitud no sólo de quienes la practicaron, sino también de quienes la toleraron pasivamente. Tampoco resulta aceptable esa sobreinterpretación religiosa de la guerra que practicó la mayor parte de la jerarquía, de la cual derivó el nacional-catolicismo.

La guerra de columnas.
Julio a noviembre de 1936

Cuanto antecede sirve para comprender el ambiente espiritual y social en los primeros momentos de la guerra civil. La represión, la revolución política y social y la identificación del catolicismo con una de las dos Españas en guerra tuvieron lugar al mismo tiempo que las primeras operaciones militares. La revolución y la descomposición del Estado contribuyen a explicar la peculiar fisonomía de la guerra en su primera etapa. La lucha adoptó la forma de enfrentamientos sucesivos entre agrupaciones de fuerzas de

Columna republicana desfilando a la entrada de una población.
Archivo General de la Guerra Civil Española, Salamanca.
Ministerio de Educación, Cultura y Deporte

Soldados republicanos en el frente de Badajoz. Archivo General de la Administración. Ministerio de Educación, Cultura y Deporte

ambos bandos sin un frente muy preciso. Fue habitual que la disparidad de efectivos y de calidad resultara grande, por lo que casi siempre uno de los dos bandos estaba en situación defensiva. La composición de esos núcleos armados –las columnas– solía ser muy heterogénea pues formaban parte de ellos a la vez unidades militares, fuerzas de orden público y voluntarios. Las decisiones en cada bando fueron no solo muy descentralizadas, sino que a veces dan la sensación de inexistencia de un plan de conjunto.

Si estos rasgos son comunes en los dos bandos, hubo, sin embargo, una diferencia fundamental entre ellos. El entusiasmo revolucionario en el Frente Popular contribuyó a la disolución de las unidades y a poner en peligro la jerarquía y la disciplina militares. Aunque no les faltaran recursos ni material, las columnas frente populistas carecieron de eficacia militar. Con frecuencia las unidades quedaban reducidas drásticamente en sus efectivos como consecuencia de que los milicianos abandonaban sus puestos, pero más frecuente aun fue la indisciplina de esas unidades y, sobre todo, su incapacidad para enfrentarse al adversario en campo abierto. El temor a ser rodeados por las expertas tropas del ejército marroquí fue una constante de las milicias en estas primeras semanas.

En las instrucciones que redactó Mola estaba previsto que los sublevados hicieran un rápido movimiento hacia Madrid. Así se hizo, y la mejor prueba de que se cumplieron esas instrucciones reside en que las columnas avanzaron 230 kilómetros en tan solo dos días. Sin embargo la derrota de la sublevación en ciudades y regiones donde se esperaba triunfar, la necesidad de consolidar el dominio de la retaguardia y la carencia de municionamiento hicieron que ese movimiento ofensivo no pudiera ser tan firme y decidido como se había previsto. En la noche del 22 de julio las columnas de Mola estaban a 100 kilómetros de Madrid, pero permanecían detenidas junto a los puertos de montaña del Sistema Central enfrentadas a unidades militares de fuerza y envergadura semejante.

La única posibilidad que les quedaba a los sublevados para llegar a Madrid consistía en emplear las fuerzas del ejército de Marruecos, pero éstas, para hacerlo, necesitaban atravesar el Estrecho. No era, en cambio, imaginable que Queipo de Llano, en situación muy precaria, lograra hacer otra cosa que defenderse. De ahí la trascendental importancia del

El 23 de julio de 1936 la artillería nacional se dispone al asalto del puerto de los Leones en Guadarrama, Madrid.
Biblioteca Nacional

paso del Estrecho que los dirigentes del Frente Popular no apreciaron o, demasiado ocupados en hacer la revolución, no fueron capaces de impedir. Parte de las tropas del ejército que mandaba Franco atravesaron el Estrecho a comienzos de agosto en un pequeño convoy naval, pero, en realidad, la operación consistió en el primer transporte aéreo de la historia. Era inevitable que tuviera ese carácter porque la flota republicana dominaba el mar, aunque lo hacía con una evidente ineficacia dada la eliminación de la oficialidad. El transporte de las tropas fue iniciado con los parcos medios aéreos que Franco tenía, pero sobre todo

Avión de fabricación alemana sobrevolando las líneas republicanas.
Archivo General de la Administración.
Ministerio de Educación, Cultura y Deporte

gracias a la ayuda italiana y la alemana. Por aire fueron transportados durante las primeras semanas aproximadamente el doble de tropas que por mar, lo que haría decir a Hitler que Franco hubiera debido elevar un monumento a los *Junkers 52*. Sin ellos y sin la incapacidad de reacción republicana simplemente la guerra civil podría no haberse producido, al permanecer aislado Franco en Marruecos. Sus tropas desempeñaron un papel decisivo en absolutamente todos los frentes en que la sublevación obtuvo victorias en estas semanas.

Izquierda, Los generales Kindelán, Franco y Dávila, contemplando los avances de las tropas. Biblioteca Nacional.
Derecha, el general José Miaja. Archivo General de la Administración.
Ministerio de Educación, Cultura y Deporte

De entrada, para lo que sirvió el ejército africano fue para aliviar la situación angustiosa de las capitales andaluzas, tan solo unidas por un modesto cordón umbilical. En general, la guerra en Andalucía se caracterizó por su irregularidad y dureza. Las columnas de Queipo de Llano tenían un aspecto tan pintoresco y abigarrado como las anarquistas. Sin embargo, reforzadas tras el cruce del Estrecho, mostraron una eficacia combativa muy superior. Un intento de ofensiva gubernamental en Córdoba fracasó debido a la lentitud en emprenderlo. La misma ineficacia se percibió en Granada o en Málaga, donde la situación anárquica fue especialmente grave. Cuando las tropas de Franco se acercaban a Madrid la situación en Andalucía era ya más confortable para Queipo de Llano, quien además había dejado en situación precaria la provincia de Málaga, hacia la que era previsible su ofensiva.

La guerra civil, a partir de este momento inicial, no tuvo ya como centro geográfico decisivo Andalucía. Las tropas procedentes de África fueron empleadas, fundamentalmente, en una carrera hacia Madrid. La forma de avance fue siempre la misma: un grupo de columnas móviles avanzaba con bastante rapidez por la carretera, y solo cuando encontraba un obstáculo enemigo, habitualmente en poblaciones de cierta entidad, se detenía y efectuaba una maniobra envolvente. Ésta solía bastar para que el adversario emprendiera una huída en desorden, dislocando sus unidades, que quedaban reducidas a una ineficaz acción guerrillera. De esta manera los sublevados lograban un control somero y, tras dejar una pequeña guarnición, proseguían hacia la capital. En un principio el avance fue meteórico: en tan solo cuatro días se cubrieron 120 kilómetros, merced al empleo de cuatro batallones marroquíes. Las verdaderas dificultades comenzaron en Badajoz, donde la empecinada resistencia de las milicias fue seguida de una venganza atroz mediante la liquidación física de centenares de personas. Todavía Talavera pudo ser tomada, en los primeros días de septiembre, mediante una operación de flanqueo. A partir de este momento la resistencia se hizo mucho más dura no solo por la proximidad de Madrid, sino también porque los militares del Frente Popular eran ya conscientes de los defectos cometidos hasta entonces. Éste es el telón de fondo que explica el cambio de gobierno y la militarización impulsada por Largo Caballero, el nuevo presidente.

Ya en la marcha desde Talavera a Toledo las tropas sublevadas invirtieron el mismo tiempo que desde Sevilla a la primera ciudad. La decisión de auxiliar al alcázar de Toledo, muy contestada, sobre todo por Yagüe, que fue relevado del mando, tuvo un importante efecto moral, pero retrasó el avance. En octubre el Ejército Popular, utilizando material soviético, lanzó un contraataque mediante tanques en Seseña, detenido principalmente gracias a la utilización incorrecta que se había hecho de ellos. A medida que los atacantes se acercaban a Madrid, la defensa se hacía más densa y en ella empezaban a participar ya las nuevas unidades militares creadas por el Gobierno. La insuficiencia de tropas del ejército de África era ya grave. A principios de noviembre, con todo, gracias al mantenimiento de su superioridad como fuerza combatiente, las tropas de Franco se encontraban ya a las puertas de Madrid.

Mientras tanto, las tropas procedentes de Marruecos habían tenido que ser empleadas también en otros frentes. Con ello se retrasó el avance hacia Madrid y se consagró una característica de la guerra civil, a saber, que las

El alcázar de Toledo antes y después del asedio. Foto: Rodríguez.
Biblioteca Nacional

operaciones militares más importantes quedaban a menudo supeditadas a la necesidad de dar respuesta al adversario allí mismo donde atacaba. A comienzos de septiembre, al mismo tiempo que caía Talavera en manos de los sublevados, Irún seguía el mismo destino, dejando la zona norte sin comunicación con Francia. El Gobierno vasco empezó a crear unidades

El general José Moscardó. Archivo General de la Administración.
Ministerio de Educación, Cultura y Deporte

propias que empleó por vez primera, cuando todavía eran demasiado biso-
ñas, en un fallido ataque sobre Villarreal. También fueron unidades
procedentes de Marruecos las que permitieron establecer el contacto entre
Galicia y Oviedo por una ruta del interior. Las milicias populares, formadas sobre todo por mineros, se sintieron atraídas de forma "excluyente y
total" por Oviedo, ciudad que hubieran deseado tomar en el aniversario de
la revolución de octubre. Sin embargo este carácter de la capital como ven-
tosa tuvo como consecuencia que no se emprendiera la ofensiva en
dirección a Galicia y León, donde hubiera podido ser más efectiva. El pa-
sillo que a partir de octubre unió Oviedo con Galicia era indefendible
desde el punto de vista estratégico, hasta el extremo de que había zonas en
las que solo tenía un kilómetro de ancho, pero, aun así, perduró.

Soldados republicanos durante el asedio del alcázar de Toledo.
Archivo General de la Guerra Civil Española, Salamanca.
Ministerio de Educación, Cultura y Deporte

Es probable que la ineficacia militar fuera la razón del fracaso del Frente Popular en otros escenarios. Cataluña, donde la rebelión había fracasado rotundamente, podría haber sido una fuente de hombres y recursos para someter al adversario, pero las dos ofensivas iniciadas desde ella concluyeron en sendos fracasos. El ataque de columnas anarquistas sobre Aragón finalmente concluyó deteniéndose a las puertas de dos de las capitales de la región, Huesca y Teruel. El abigarramiento de las columnas, típico de la primera etapa de la guerra, alcanzó en el caso de Aragón su expresión máxima con presencia de prostitutas, mientras que las consultas asamblearias a los combatientes y el desprecio al asesoramiento de los oficiales fue moneda común. En cambio el adversario empleó sus reservas con avaricia y eficacia.

La otra expedición emprendida desde Cataluña se dirigió hacia las Baleares, en donde Mallorca e Ibiza estaban sublevadas, mientras que Menorca permanecía leal al Frente Popular. La iniciativa no fue de ninguna autoridad, sino de un militar, Bayo, que arrastró tras de sí, en especial, a elementos catalanistas. Bayo, que parece haber creído que con la sola presencia de los invasores iba a lograr la rendición del adversario, dispuso de recursos suficientes, pero se enfrentó con algunos de sus subordinados por haber actuado en nombre de la Generalitat, mientras que el Gobierno central se expresaba respecto a él con profunda reticencia. La expedición tomó Ibiza sin problemas y llegó a desembarcar en Porto Pí, pero fue incapaz de avanzar hacia el interior de Mallorca. La llegada de una eficaz fuerza aérea italiana a fines de agosto concluyó por desmoralizar a los invasores. A diferencia de lo sucedido en Aragón, tampoco los defensores tuvieron una actuación muy brillante. A partir de este momento las Baleares desempeñaron un papel importante para el bloqueo, por parte de los sublevados, de la costa mediterránea y el bombardeo de Barcelona.

Ninguna de todas estas operaciones de la guerra de columnas tenía la menor posibilidad de ser resolutiva, por lo que de nuevo tenemos que volver al escenario decisivo, que seguía siendo Madrid. Allí, a lo largo del mes de noviembre, tuvo lugar un violento forcejeo entre las tropas de Franco y los defensores de la capital que finalmente concluyó con la detención de los primeros. En realidad, el ataque apenas si merece ser narrado, pues, como algunas otras batallas de la guerra civil, no fue otra cosa que un choque brutal como el de dos carneros que embistieran con la testuz. La penetración de los atacantes no consiguió doblegar la resistencia, principalmente en la Ciudad Universitaria y en el parque del Oeste. Hay varias razones que lo explican. El Ejército Popular contó con una dirección adecuada en manos del muy capaz general Rojo y de Miaja, tranquilo y ordenado, que acabó convirtiéndose en un auténtico símbolo de la resistencia de la capital. Las nuevas unidades demostraron también mayor capacidad, sobre todo en lo defensivo, y a ello colaboró igualmente el espíritu de resistencia popular, que convirtió el "No pasarán" en divisa permanente y mucho más efectiva que consignas revolucionarias anteriores. Hay que atribuir un papel importante a los refuerzos internacionales llegados a Madrid, pero es posible que su trascendencia haya sido exagerada: las Brigadas Internacionales supusieron tan solo el 25% de los efectivos resistentes, que incluían también la importante ayuda rusa en aviación. Hay otras razones de la detención que derivan no tanto de la actitud de los defensores como de la de los atacantes. Éstos eran inferiores en número y, además, el tipo de combate, en los aledaños de una gran ciudad, no permitía las maniobras que les habían dado la victoria en ocasiones anteriores.

El panorama de las operaciones bélicas durante esta primera etapa de la guerra no quedaría completo sin hacer mención a las que podrían ser denominadas como asedios. Constituían, en realidad, el paso final en la homogeneización de cada una de las dos zonas en que se dividió España. El caso de los cuarteles de Gijón o del Santuario de la Virgen de la Cabeza demuestran la peligrosidad de esa indecisión original, pues en Gijón el cuartel no estaba preparado para la defensa y acabó teniendo que rendirse, mientras que el Santuario estaba demasiado alejado de las líneas de Queipo de Llano. A diferencia de lo que sucedió en Oviedo, la resistencia del Santuario no supuso atracción de tropas adversarias. El caso de asedio que alcanzó mayor repercusión internacional fue el alcázar toledano, que sí atrajo a tropas del Ejército Popular. La inexperiencia y el desorden de los atacantes y la proximidad de las tropas de Franco explican que al final los resistentes pudieran ser liberados a fines de septiembre.

En conclusión, si hubiera que resumir lo sucedido durante esta fase de la "guerra de columnas", podría decirse que constituyó la prueba más evidente de la superioridad de las fuerzas regulares frente a las milicias, o, lo que es lo mismo, de la calidad con respecto a la cantidad. La marcha de Madrid fue posible porque el ejército de África era notoriamente superior a las milicias, y esta realidad tuvo consecuencias políticas, como fue la promoción de Franco a dirigente supremo de su bando. Las milicias demostraron ser un instrumento de combate ineficaz. Es posible que si Franco hubiera optado por concentrarse en Madrid hubiera podido llegar a conquistarla. Sin embargo la estrategia de Franco fue otra: a Kindelán le dijo que era preciso "llevar al enemigo el convencimiento de que hacemos cuanto nos proponemos". Este planteamiento alargaba de modo inevitable el conflicto, que, en adelante, debió recurrir a formas más sofisticadas que la guerra de columnas.

Soldados republicanos en el frente de Guadalajara.
Biblioteca Nacional

La batalla en torno a Madrid

Noviembre de 1936 significó un giro muy importante en la guerra civil desde el punto de vista estrictamente militar. La guerra de columnas había llegado a su agotamiento porque los frentes habían ido consolidándose mientras que las milicias populares crecían en eficiencia defensiva. Ante esta realidad obligadamente debía también reaccionar el alto mando sublevado. Hasta ahora las mayores dificultades las había tenido el ejército de Franco al enfrentarse con un enemigo a la defensiva en una posición estable. La estrategia adoptada por el general Franco inmediatamente a continuación tiene su coherencia. Si hasta ahora había fracasado el asalto a Madrid mediante una ofensiva directa, ahora iba a intentar una maniobra de flanqueo. Sin embargo, la batalla en torno a Madrid en tres operaciones sucesivas concluyó, tras un violento forcejeo, en la imposibilidad de lograr un resultado definitivo.

Carros de combate, de fabricación soviética, en Guadalajara.
Biblioteca Nacional

Mandos militares y políticos de las milicias segovianas que participaron en
la defensa de Madrid. Fotografía aparecida en el *ABC* republicano

Soldados republicanos en el frente de la Casa de Campo.
Archivo General de la Administración.
Ministerio de Educación, Cultura y Deporte

La ofensiva inicial de las tropas de Franco, desarrollada entre noviembre de 1936 y enero del año siguiente, se centró en la carretera de
La Coruña. Esta primera batalla constituye el testimonio evidente del
endurecimiento de la guerra. Iniciada la operación con unos auspicios
brillantes para los atacantes, concluyó, sin embargo, con un avance poco
significativo que no tenía verdadera influencia en el desarrollo de las
operaciones. Franco había logrado mejorar su situación comprometida,
pero lo había hecho a cambio de un desgaste considerable y avanzando

La calle Martín de los Heros, zona de frente en Madrid, después de un
bombardeo. Biblioteca Nacional

Artillería republicana defendiendo la posición frente al hospital Clínico.
Archivo General de la Administración.
Ministerio de Educación, Cultura y Deporte

tan solo 15 kilómetros. En este sector las líneas bélicas quedaron ya prácticamente estabilizadas hasta el final de la guerra.

Desde el punto de vista cronológico, resulta imprescindible hablar de la conquista de Málaga antes de la batalla del Jarama. La situación en la capital andaluza parece haber sido de un caos febril e inútil, como consecuencia del cual fueron asesinados el presidente de la Diputación, socialista, y el primer concejal, comunista. Hubo como autoridad política un Comité de enlace entre el gobierno civil y los partidos del Frente Popular, pero quien de verdad ejerció el poder fue un Comité de Salud Pública controlado por los anarquistas. Las autoridades civiles y militares se sucedieron, pero ninguna consiguió crear una disciplina para la lucha. Actuando como un cantón que quería tener relaciones con la URSS y Cataluña, Málaga tenía pocas posibilidades de sobrevivir frente a un ataque adversario, pero sus dificultades se vieron multiplicadas, además, por la difícil situación geográfica y por el empleo de las tropas italianas. En un mes, desde mediados de enero de 1936, la provincia de Málaga fue tomada, reduciéndose un frente de 250 kilómetros a tan solo 20. La historia de esta operación militar es muy sencilla, pues simplemente consistió en el avance rápido de las bien pertrechadas tropas italianas. A la crueldad practicada durante la etapa de dominio del Frente Popular le sucedió ahora la de los adversarios, saldándose una y otra con unos dos millares y medio de ejecuciones. A partir de este momento la guerra se alejó de Andalucía, pues Franco, por prevención a los italianos o a Queipo de Llano, no les dejó perseguir a los huidos hacia Almería.

La preocupación esencial de Franco seguía estando en torno a Madrid, y eso es lo que explica la ofensiva del Jarama a lo largo de todo el mes de febrero. Era tan obvia la posibilidad de flanqueamiento por esa zona, que ambos contendientes la habían planeado, pero la iniciativa fue de los sublevados. El ataque tuvo como propósito llegar a Arganda y Alcalá de Henares para así cortar las comunicaciones adversarias hacia el Levante. Se trató de una batalla de transición en la técnica militar, iniciada con un golpe de mano para ocupar los puentes sobre el río y permitir el paso de la caballería, al modo de la guerra de otro siglo y seguida a continuación por el empleo de las mejores unidades por parte de ambos bandos. Los atacantes tuvieron como inconveniente no solo el hecho de que sus adversarios hubieran empezado a concentrar allí sus efectivos, sino también lo intrincado del terreno. Del 6 al 18 de febrero consiguieron avanzar, pero a partir de este momento el enemigo contraatacó y se produjo una terrible lucha de desgaste durante algo más de una semana. Como prueba de la violencia de los combates baste decir que una altura, el llamado vértice Pingarrón, cambió tres veces de manos. La batalla del Jarama fue la primera batalla de material de la guerra con combates de más de un centenar de aviones. Al final concluyó por el puro agotamiento de los contrincantes. Por vez primera las tropas del Ejército Popular habían sido capaces de resistir la embestida adversaria y contraatacar. Mientras tanto se producía una nueva ofensiva de las milicias del Frente Popular sobre Oviedo, pero allí, como en el Jarama, Franco siguió con su táctica parsimoniosa de enfrentarse hasta el desgaste con el adversario.

La batalla de Guadalajara, a lo largo de marzo de 1937, exige una explicación acerca de su gestación. Franco no había deseado la presencia de unidades italianas en la Península y menos aun que tuvieran un protagonismo excesivo en las operaciones militares. Por eso rechazó una operación consistente en penetrar desde Teruel hasta Sagunto, lo que parece una maniobra audaz que por sí sola hubiera podido decidir la guerra. Tampoco pareció muy interesado en una operación sobre Guadalajara hasta el momento en que su avance en el Jarama flaqueó. Con todo, los italianos, que propusieron la operación, tenían posibilidades de lograr un éxito importante debido a su maquinaria militar, impresionante para lo que era la guerra civil española. Dotados de 170 piezas artilleras, medios motorizados y tanques, los italianos podían esperar llegar hasta la capital alcarreña y actuar como pinza en una maniobra envolvente, que se complementaría desde el Jarama. En un principio penetraron bien, pero pronto empezaron las dificultades. Los italianos se encontraron con unas condiciones climáticas malas que, además, dieron inmediata superioridad aérea al adversario. Por otra parte, las tropas con las que los italianos tuvieron que habérselas no eran las que habían tenido como enemigas en Málaga. Se demostró entonces que habían actuado con petulancia y alegre despreocupación sin proteger sus flancos. Presionados en su flanco izquierdo y embotellados en las carreteras, los italianos de-

El crucero Canarias, fondeado en el puerto de la Luz, Las Palmas.
Biblioteca Nacional

bieron retroceder aunque se mantuvieran por delante del punto de partida de su ataque.

Parece obvio que en estas tres batallas en torno a Madrid la victoria ha de atribuirse al Ejército Popular, pues por mucho que el adversario hubiera tenido menos bajas o hubiera logrado adelantar sus posiciones, no consiguió los objetivos que pretendía. La iniciativa seguía siendo de Franco, pero el enemigo había sido ya capaz de enfrentársele dejando la situación en tablas. Esas tres batallas venían a demostrar que la guerra civil de ninguna manera podía ganarse en torno a Madrid. Conocida la detención de los italianos, Franco decidió concentrar sus esfuerzos en el frente norte. Guadalajara trajo, por tanto, Vizcaya.

Mientras tanto la guerra en el mar adquiría ya unos rasgos que perdurarían hasta el final del conflicto. El dominio de los buques por comités redujo a la nada su eficacia militar. Fue incluso preciso recordar a los buques que no planearan operaciones por sí mismos, sino que atendieran las instrucciones superiores. Prácticamente la flota republicana se dedicó tan solo a la protección de los convoyes que traían armas desde

Rusia. Los cruceros más modernos, rápidos y bien artillados de los sublevados (*Canarias* y *Baleares*) consiguieron la superioridad en el Mediterráneo, mientras que la flota republicana, mal protegida ante los ataques de la aviación, quedaba reducida a la impotencia.

Voluntario brigadista americano en Barcelona.
Archivo General de la Guerra Civil Española, Salamanca.
Ministerio de Educación, Cultura y Deporte

La guerra civil en su origen fue un conflicto interno, de modo que no puede atribuirse a país alguno la suficiente influencia como para provocarla. Sin embargo, una vez estallada, convirtió, por el mero hecho de su existencia, a España en el "centro de las pasiones y decepciones del mundo". Sin la ayuda exterior no se entiende el paso del Estrecho, la defensa de Madrid o la batalla de Guadalajara, y en los acontecimientos militares que siguieron hasta el final mismo del conflicto el papel de la ayuda exterior fue de primerísima importancia. Es lógico que ambos

Flechas negras italianos, prisioneros en Brihuega, Guadalajara.
Archivo General de la Administración.
Ministerio de Educación, Cultura y Deporte

contendientes solicitaran la ayuda de otros países porque, a fin de cuentas, el ejército español estaba muy mal dotado desde el punto de vista material. El espectáculo de la guerra civil contribuyó de manera decisiva a perfilar el alineamiento de las diversas potencias de cara al futuro conflicto mundial.

La petición de ayuda por parte de sublevados y gubernamentales fue una consecuencia de la sensación, a los pocos días de la sublevación, de que ésta no se liquidaría de la forma que había sido habitual en los pronunciamientos del siglo XIX. De ahí que ambos bandos recurrieran a aquellos países que más lógicamente les podían ayudar; éstos se decantaron rápidamente hacia una intervención, aunque al poco tiempo inventaran también una pantalla para dismularla. El 19 de julio Giral hizo la petición al Gobierno francés, que pronto se mostró dispuesto a atenderla, pero la publicidad que se le dio a la solicitud motivó una indignada reacción de la derecha francesa. A partir de este momento la ayuda debió ser más titubeante y disimulada. En cuanto a los sublevados, su petición de ayuda estuvo dirigida a Alemania e Italia. La primera respondió más prontamente y además prestaría mayor ayuda a Franco hasta el mes de noviembre de ese año, momento en que se produjo la llegada de los voluntarios italianos.

Quedaban así sentadas las bases asimétricas en que fundamentaron las relaciones con sus aliados los beligerantes españoles. El Frente Popular recurrió al mercado internacional de armas, aparte de la colaboración francesa, pero su situación no quedó aliviada hasta que, en septiembre, la Unión Soviética se decidió a prestarle ayuda. En cuanto a los sublevados, contaron con la ayuda italiana y alemana, a pesar de que su reconocimiento como Gobierno legítimo no llegó hasta el mes de noviembre. Es, sin embargo, importante señalar que tal decisión no se tomó en un momento en que parecieran haber obtenido una victoria decisiva, sino cuando estaban en dificultades al no haber tomado Madrid.

Una situación como la mencionada, en que aparecían involucradas las principales naciones europeas, resultaba potencialmente explosiva. Ésa es la razón por la que se pretendió distenderla mediante la creación de un novedoso sistema no experimentado hasta el momento, el Comité de No Intervención de Londres. En realidad, quien propuso esta fórmula fue

Sección de Prensa Extranjera del Ministerio de la Gobernación en Burgos.
Biblioteca Nacional

Francia. El gobierno del Frente Popular dejó la iniciativa a los británicos, que fueron quienes fundamentalmente la auspiciaron en el concierto internacional. A partir de septiembre un Comité, reunido en la capital británica, comenzó a estudiar las modalidades de la no intervención.

En una ocasión Metternich dijo que lo que la no-intervención significaba era "poco más o menos, intervención", y tal afirmación resulta válida para la guerra civil española. Nadie ni por un momento pensó que con ese Comité se evitara la participación de otros países en los asuntos internos españoles. Las potencias fascistas siguieron a este respecto una política cínica. El conde ciano, ministro de Exteriores italiano, dio a su embajador en Londres unas instrucciones consistentes en hacer todo lo posible para que el Comité mantuviera una acción "puramente platónica". Se ha calculado que los alemanes violaron la no-intervención 180 veces y que los italianos lo hicieron 134; unas cifras semejantes se pueden atribuir también a los franceses, con algún mayor pudor, y los rusos. Incluso los británicos pensaban lo mismo acerca de este Comité. Un diplomático británico dijo que se trataba de una farsa, pero "una farsa extremadamente útil" en el sentido de que, aunque no cumpliera sus propósitos, evitaba que empeorara la situación mundial.

Descrita ya la evolución de la política exterior de la guerra civil en sus primeras etapas, podemos pasar a examinar la posición de cada una de las potencias más importantes. Cada país tuvo una política con peculiaridades propias, pero aquellos con instituciones democráticas vieron, además, cómo la opinión pública tomaba partido en torno al conflicto en un sentido o en otro.

Ése, en cambio, no fue el problema de Alemania e Italia. La intervención alemana a favor de Franco fue consecuencia de una decisión personal de Hitler. Frente a la opinión más reticente de algunos de sus colaboradores más directos, como Göring, el Führer adoptó una de sus decisiones arriesgadas pero de la que sacaría amplio partido por la ausencia de respuesta por parte de las potencias democráticas. Hasta el momento España era para los nazis un país lejano y carente de verdadero interés. Si decidió intervenir fue por una mezcla de razones estratégicas (presionar a Francia desde el sur) e ideológicas (oposición al comunismo); solo en un segundo momento apareció el interés económico. Los alemanes no exhibieron en exceso su participación en la guerra: solo en 1939 Hitler habló de la Legión Cóndor, que sería su principal ayuda a Franco. Contribuyeron a la promoción de éste, pero los juicios de su primer embajador ante él eran reticentes, tanto acerca de su lentitud a la hora de llevar a cabo las operaciones militares como por su carencia de voluntad revolucionaria. Alemania suscribió un tratado con la España de Franco cuyo contenido no revestía una especial trascendencia. Más importancia tendrían, en cambio, los beneficios económicos obtenidos.

A diferencia de lo sucedido en el caso alemán, los dirigentes fascistas italianos habían tenido contactos previos con la extrema derecha española. Esa relación previa fue resucitada en el momento del estallido de la guerra civil, pero también el conocimiento directo de Ciano acerca de la situación en Marruecos. La personalidad del ministro de Exteriores fascista parece haber desempeñado un papel importante en la adopción de esta política. En cuanto a las razones de intervención en España, lo más probable es que Mussolini pensara que podía obtener un aliado barato en una zona estratégica que para él era decisiva con el empleo de unos medios reducidos. Con el transcurso del tiempo, para su régimen la

Presentación de cartas credenciales del embajador alemán, en Salamanca,
ante el gobierno de Franco, el 23 de septiembre de 1937.
Biblioteca Nacional

guerra tuvo un contenido ideológico más importante que, por ejemplo, la
guerra de Abisinia, a la vez que establecía las bases de lo que luego sería
el Eje con Alemania. Desde el principio la intervención italiana en los
asuntos españoles fue más estridente que la alemana. En noviembre de
1936 se firmó un tratado entre ambas partes que presuponía una neutralidad más que benevolente por parte de éste último en el caso del
estallido de una guerra. Era mucho más de lo que nunca los alemanes
consiguieron de Franco, pues suponía de hecho la hegemonía fascista en
el Mediterráneo occidental. A partir de este momento Mussolini se empleó a fondo a favor de los sublevados, incluso más de lo que éstos
hubieran querido. De ahí que mandara todo un ejército, del que casi la
mitad eran tropas regulares, sin que Franco lo hubiera pedido o lo dese-
ara. A partir de este momento la guerra española fue para los dirigentes
fascistas italianos una aventura cara que a veces proporcionaba quebra-
deros de cabeza, unas auténticas arenas movedizas de las que era

imposible librarse, mientras que el deseo de resolver el problema de una vez provocaba inevitablemente una mayor intervención.

Hubo otro país que desempeñó también un papel importante en la fase inicial del conflicto en favor de Franco, aunque su actuación mucho menos destacada en las relaciones internacionales y su condición de pequeña potencia evitara que pudiera ser mayor. El Portugal de Salazar había tenido siempre una intensa preocupación por los problemas españoles. Cuando estalló la guerra aprovechó la ocasión para actuar con decisión en contra de la oposición, incluso creando alguna organización de un cierto paralelismo con los partidos fascistas. Fue Portugal quien más dificultades puso a aceptar el Comité de No Intervención, principalmente debido a que creía que eso implicaba una disminución de su soberanía. La principal ayuda de Salazar a Franco, que siempre evitó la espectacularidad, fue proporcionarle la seguridad de una frontera, pero además desde territorio portugués entraron aviones en la zona nacionalista. Allí se consiguieron préstamos y, en fin, entre 4.000 y 6.000 portugueses combatieron con Franco.

Para comprender la significación de la postura franco-británica respecto a la guerra civil española hay que tener en cuenta, en primer lugar, que nuestro país podía ser considerado como área tradicional de influencia propia, a pesar de lo cual la actitud de esos dos países fue pasiva. Hay varias razones que contribuyen a explicarlo: las características de los regímenes democráticos, que no podían propiciar una intervención como la de los fascistas, el deseo de evitar la guerra mundial, las divisiones internas de la opinión pública y, en fin, el hecho de que el Frente Popular parecía demasiado revolucionario y Franco no suficientemente fascista.

En Francia el conflicto español excitó las pasiones ideológicas por encima de los intereses nacionales. Estallada la guerra civil, se dio la paradoja de que la derecha más nacionalista apoyaba a Franco a pesar de que éste, por su cercanía a Alemania e Italia, representaba intereses totalmente opuestos a los franceses. Otros sectores más amplios (los católicos, los intereses comerciales...) simpatizaron con Franco. Este tipo de actitudes encontraba su apoyo en la necesidad de practicar una política que no desentonara con la británica, pero se inspiraba sobre todo

Visita a Barcelona de los diputados laboristas ingleses el 7 de enero de 1938.
Biblioteca Nacional

en el espectáculo de la revolución española. El gobierno del Frente Popular francés luchaba entre los sentimientos encontrados del pacifismo y la necesidad de apoyar a un Gobierno como el español. Por su parte, los comunistas franceses, con la divisa "Por la no intervención, contra el bloqueo", fueron los más decididos partidarios de que se siguiera autorizando la venta de armas a la España republicana. De hecho, la posición francesa osciló entre una neutralidad simplemente benevolente hacia la República y una "no intervención relajada" cuando predominaban los sectores situados más a la izquierda. Esta fórmula implicaba tolerar que, de manera subrepticia, circularan por territorio francés armas destinadas a la España republicana.

También en Gran Bretaña la guerra civil española tuvo una importante repercusión tanto para el Gobierno como para la opinión pública. Se ha podido calcular que en tres cuartas partes de las reuniones del Gobierno británico se abordó el problema español, cuya importancia derivaba no solo del peligro que suponía para la estabilidad de las relaciones internacionales sino también para las inversiones británicas. Como en el caso de Francia, los diplomáticos británicos se alinearon casi

Brigadistas internacionales, en el castillo de Vich, en un homenaje
ofrecido por Negrín.
Archivo General de la Administración.
Ministerio de Educación, Cultura y Deporte

inmediatamente con Franco. La posición del gobierno conservador, consistió, a diferencia de lo sucedido en Francia, en no encontrar ningún beligerante próximo a sus propias posturas e intereses, de no ser los nacionalistas vascos. Baldwin expresó esta postura de una manera un tanto cínica cuando dijo que los británicos odiaban tanto a los fascistas como a los comunistas y que si había un país en que unos y otros se mataban, tanto mejor. Churchill recalcó el peligro de que la Italia mussoliniana jugara un papel creciente en el Mediterráneo como consecuencia de los acontecimientos en España. Pero estas opiniones no fueron tomadas muy en serio y, en definitiva, los gobernantes británicos parecían haber pensado que el problema fundamental de la guerra española nacía del peligro de provocar un conflicto generalizado. Aunque Gran Bretaña mantuvo una neutralidad muy estricta, superior a la del resto de los países europeos, al evitar con ella la compra de armas por parte de los republicanos, resultó beneficiosa para Franco. A partir de la primavera de 1937 tuvo éste un representante oficioso en Londres (el

Personal sanitario norteamericano que colaboró con la República.
Archivo General de la Guerra Civil Española, Salamanca.
Ministerio de Educación, Cultura y Deporte

duque de Alba, emparentado con la aristocracia británica) y en octubre hubo, además, un representante de los intereses comerciales británicos en la España de Franco. La guerra civil no fue solo una cuestión del Gobierno sino también de la opinión. Como en el caso de Francia, resultó una cuestión tan ásperamente debatida que "en ningún momento fue posible una acción coherente" (Churchill). Entre los propios conservadores hubo partidarios de la República y la división interna de los laboristas fue también manifiesta: mientras que el ala derecha era profundamente reticente acerca del papel de los comunistas en España, los izquierdistas mantenían una posición profundamente contradictoria, pues si por un lado defendían posturas pacifistas, al mismo tiempo querían que se ayudara a la República. Unos 2.000 británicos combatieron en España, de los que murieron 500.

Es evidente que en Gran Bretaña, muy a menudo, se desconoció la realidad de los sucesos españoles, de modo que Franco, a veces, era descrito como un conservador clásico. Esta sensación de ignorancia es patente también en el caso de los Estados Unidos. Allí tan solo un 14%

Recibimiento de los niños españoles, repatriados a la URSS,
en la estación de Kursk en Moscú.
Archivo General de la Administración.
Ministerio de Educación, Cultura y Deporte

de la población simpatizó con Franco y, aun así, esa cifra se debía únicamente al hecho de que entre los católicos el porcentaje era muy superior llegando al 39%. Los Estados Unidos se declararon neutrales en agosto de 1936 y Roosevelt recomendó el "embargo moral" del negocio de armas que luego se hizo efectivo, impidiendo de esta manera que el Frente Popular se pertrechara de armas.

En suma, la posición de las potencias democráticas demuestra hasta qué punto este tipo de regímenes son incapaces de llevar a cabo una intervención decisiva en un conflicto de las características de una guerra civil, sobre todo cuando se enfrentan a otras naciones que no deben tomar en cuenta la opinión pública, ni tienen por qué mostrar escrúpulos morales. De hecho las circunstancias dejaron aislada e inerme a la República, que no tuvo otro remedio que recurrir a la ayuda de la URSS.

Frente a lo que pensaron las derechas, la realidad es que ni el interés de Stalin por los sucesos españoles fue grande ni su decisión de intervenir inmediata. La República no había mantenido relaciones con la URSS hasta la guerra civil. Es muy posible que para Stalin Casares hubiera sido, en abstracto, mejor que Largo Caballero, pero el prestigio revolucionario de su país exigía un apoyo a la lucha de la España del Frente Popular. Ésta acabó siendo oficial desde finales de septiembre, es decir una fecha relativamente tardía. En esta actitud final debió tener un papel decisivo la reflexión respecto a la situación internacional y la española. Stalin pensó que tan profunda conmoción de las relaciones internacionales como representaba la guerra española le daba la oportunidad de tratar de comprobar hasta qué punto el sistema de seguridad colectiva podía evitar una guerra mundial o, por lo menos, hasta qué punto podía él mismo acercarse a países como Francia y Gran Bretaña. Cuando vio que esas dos opciones fracasaban, se decidió a pactar con Hitler ya en 1939. La colaboración con el Frente Popular le permitía tener una influencia decisiva en un país del occidente europeo. Con el transcurso del tiempo, además, la situación interna de Rusia (era la época de las grandes purgas) pudo ser ocultada gracias a la existencia de la guerra civil española. De

Visita de los heridos en el frente a la exposición de regalos que serían
enviados a la URSS con motivo de su XX aniversario.
Archivo General de la Administración.
Ministerio de Educación, Cultura y Deporte

todas las maneras, para comprender la posición de la URSS hay que tener en cuenta que al mismo tiempo se trasladaban las reservas de oro del Banco de España a Rusia. Nada como este hecho demuestra el patético aislamiento de los republicanos, que no podían confiar por completo en Francia y que así quedaban condenados a una sola fuente de aprovisionamiento bélico. Así se hace patente también que Stalin no actuaba con un criterio idealista. En el fondo a Stalin le interesaba relativamente poco España, pero eso no quiere decir que la ayuda rusa al Frente Popular fuera de mala calidad o insuficiente. Los asesores militares y políticos soviéticos tuvieron un papel muy importante en el seno de la causa frentepopulista. Otro rasgo determinante de la intervención soviética en la guerra civil española reside en la voluntad de discreción que la caracterizó. De ahí que la presencia de asesores soviéticos pretendiera ser simulada, incluso haciéndolos pasar por hispanoamericanos. La principal ayuda en hombres estuvo formada por las Brigadas Internacionales, reclutadas gracias a la actuación de la Internacional Comunista. La fecha en que empezó el reclutamiento para las Brigadas coincide con la decisión tomada por la URSS y resulta coincidente, con la política exterior de ella, la significación que se dio a las Brigadas como testimonio de la solidaridad internacional en la lucha contra el fascismo.

Un recorrido por la geografía del impacto de la guerra civil española en el mundo no debe excluir el caso de Hispanoamérica, con la que nuestro país mantenía unas relaciones tan estrechas, producto de la historia pasada y reciente. Hay que empezar por señalar que en muchos de esos países el conflicto de España no se vio tanto como un enfrentamiento entre fascismo y democracia como entre conservadurismo y liberalismo; en todos ellos, sin embargo, hubo una tendencia a juzgar lo que sucedía en España desde una óptica propia y atendiendo a los conflictos internos. En México, por ejemplo, el presidente Lázaro Cárdenas presentó la guerra española como un conflicto contra el imperialismo intervencionista de otras potencias, trasponiendo sus enfrentamientos con los norteamericanos. El apoyo a Franco fue evidente en algunos países pequeños, como Guatemala y Nicaragua, pero también en otros en los que predominaban tendencias conservadoras y militaristas, como Perú.

La campaña del norte, ofensivas de Belchite y de Brunete. De abril a octubre de 1937

Franco decidió trasladar el eje de la guerra a la zona norte a fines de marzo de 1937. Fue ésta una decisión acertada que implicaba un rodeo hasta el logro de sus objetivos, pero que permitió una victoria que habría de tener un efecto decisivo sobre el final del conflicto. Desde comienzos de abril hasta octubre, de forma sucesiva, el ejército sublevado conquistó Vizcaya, Santander y Asturias, modificando completamente el balance inicial de fuerzas establecido en julio de 1936.

Tropas sublevadas en el frente de Santander.
Biblioteca Nacional

Para explicar lo sucedido en la primera parte de la campaña es preciso establecer el punto de partida de ambos contendientes. Hasta el momento de su muerte, fue el general Mola el responsable de la dirección de las operaciones por parte de los sublevados. Para la operación dispuso de unidades fogueadas, como eran las Brigadas Navarras, que se habían convertido ya en una especie de sustitutivos de las tropas de Marruecos. Tuvo superioridad artillera y, sobre todo, de aviación al

Artilleros del ejército sublevado en la campaña del norte,
cerca del frente de Bilbao.
Biblioteca Nacional

haber podido concentrar en esta parte del frente el núcleo principal de las reservas y las unidades de élite, entre las que desempeñaban un papel especialmente importante la aviación alemana y la italiana. Mola se enfrentó a un adversario que en ocasiones demostró ser aguerrido, pero cuyas condiciones de combate fueron lamentables en parte por razones de las que él mismo era culpable. La zona norte estaba a doscientos kilómetros del resto del territorio controlado por el Frente Popular y se extendía a lo largo de un frente de trescientos kilómetros, teniendo tras

Voluntarios y gudaris en la Gran Vía de Bilbao.
Archivo General de la Administración.
Ministerio de Educación, Cultura y Deporte

de sí a un millón y medio de habitantes, con una profundidad de tan solo 30 ó 40 kilómetros. A esta situación estratégica hay que sumar, sobre todo, problemas graves nacidos del cantonalismo en la dirección y de la insuficiencia de recursos militares. En el momento inicial de la guerra hubo hasta tres Juntas diferentes en Guipúzcoa pero lo más significativo no es tanto que esto sucediera como lo tardía e incompletamente que se fue solucionando. Solo en diciembre se produjo una unificación que redujo a tres unidades políticas, pero aun así el grado de unificación fue muy relativo, porque en materias como relaciones comerciales con el exterior e incluso moneda actuaron un tanto por su cuenta, hasta el extremo de que cuando sus fuerzas militares combatían en territorio que no era el suyo actuaban como si lo hicieran en país extranjero. El gobierno autónomo vasco rechazó la presencia de comisarios en las unidades militares e incluso Aguirre, su presidente, asumió el mando militar en mayo a pesar de que legalmente no tenía derecho a hacerlo. Largo Caballero en un momento de indignación llegó a afirmar que "no hay ejército del Norte; no hay mas que milicias organizadas, mejor o peor, en Euskadi, Asturias o Santander".

Gudaris en la defensa del Cinturón de Hierro de Bilbao.
Archivo General de la Guerra Civil Española, Salamanca.
Ministerio de Educación, Cultura y Deporte

A estas deficiencias de dirección de la guerra hay que sumar, además, los problemas de dotación. Para los defensores fue siempre obsesiva la superioridad del adversario en aviación, que cifraron en diez a uno. Debe tenerse en cuenta también que su utilización masiva y su coordinación con la infantería se produjo por vez primera en esta operación. Desde la zona central se trataron de enviar refuerzos al norte pero las dificultades para mantener a salvo los aeropuertos propios en una faja tan estrecha de terreno explican que ese auxilio resultara insuficiente. Más injustificable es el hecho de que la superioridad naval de la República no se tradujera en el auxilio a la zona norte. Paradójicamente fueron unidades improvisadas, como los pesqueros armados vascos, las que demostraron una mayor moral de combate, coincidente también con las de las fuerzas de tierra.

Patrulla de gudaris en una carretera del País Vasco.
Archivo General de la Administración.
Ministerio de Educación, Cultura y Deporte

Éstas, sin embargo, partían de unas concepciones estratégicas defensivas y pasivas que fueron juzgadas como un error por Franco y que también criticaron los dirigentes republicanos. El llamado Cinturón de Bilbao, según Zugazagoitia, "tácticamente desconsolaba", y para Azaña se hablaba de él "suponiendo que existe lo que debiera existir", porque era mucho más vulnerable de lo que se suponía. No se apoyaba en obstáculos naturales sólidos, las trincheras no estaban protegidas contra los ataques aéreos y estaba más defendido en la zona occidental que en la oriental, cuando lo lógico debería haber sido estrictamente lo contrario. Si a todo ello sumamos que los atacantes disponían de sus planos, no puede extrañar que la validez de esta barrera defensiva fuera muy limitada.

Las operaciones se iniciaron en marzo de 1937 y desde un principio se caracterizaron por el empleo de una tremenda potencia de fuego. Las operaciones se llevaron a cabo con parsimonia y lentitud, en parte por el exceso de precaución de Mola, pero también por su carencia de efectivos suficientes en infantería. Pocos días antes de que muriera Mola en accidente de aviación se inició la ruptura del Cinturón de Hierro en torno

a Bilbao. Esta operación se llevó a cabo con una concentración de fuego como no había existido entonces en la guerra española: casi ciento cincuenta piezas a las que sumar la labor de la aviación. En estas condiciones el Cinturón tan solo le costó al adversario tres días, merced entre otras cosas a su buena colaboración entre aire y tierra. Antes, en cambio, las tropas vascas habían ofrecido una resistencia encarnizada que en 72 días impidió al enemigo un avance superior a los 35 kilómetros, es decir, menos de 500 metros por día. Hubo algún proyecto de convertir Bilbao en un segundo Madrid, pero los vascos se negaron a la destrucción de la ciudad, que, además no hubiera garantizado su defensa dadas sus condiciones estratégicas.

En el transcurso de la campaña de Vizcaya, concluida en junio de 1937, tuvo lugar la operación militar más discutida de la guerra española: el bombardeo de Guernica. Acerca de este episodio, acontecido el 26 de abril de 1937, casi todo ha sido controvertido excepto la práctica destrucción de la ciudad. La investigación histórica reciente ha ido aclarando muchos puntos. Guernica no fue objeto de un experimento y menos aun fue éste inducido desde Berlín. No está probado que con la destrucción de la ciudad se pretendiera hacer desaparecer el símbolo de las libertades vascas, sino que parece que el bombardeo fue solicitado por las propias tropas atacantes respecto a una posición que estaba en la retaguardia inmediata al frente. La cuestión verdaderamente decisiva no es tanto ésa como si con anterioridad el mando aéreo sublevado había considerado este tipo de objetivos como dignos de un bombardeo. La respuesta es positiva y vale no solo para los sublevados sino también

La ciudad de Guernica, después del bombardeo. Foto: Delesporo. Biblioteca Nacional

para el Frente Popular; estos procedimientos serían luego habituales (e infinitamente más mortíferos y brutales) durante la Segunda Guerra Mundial. Por eso la aviación atacante pudo considerar un completo éxito la operación. En realidad, con independencia de que hubiera en Guernica fábricas de interés militar, el objetivo más obvio y evidente era un puente que no fue afectado por el bombardeo. La mezcla de bombas rompedoras e incendiarias resultó especialmente destructiva en una población de casas altas y calles estrechas. Aquellas circunstancias hicieron que desapareciera el 75% de la población, mientras que el número de muertos sigue siendo muy discutido (desde un centenar a 1.600). La reacción del bando franquista consistió en acusar al Frente Popular de haber destruido la población mediante voladuras voluntarias, y hay indicios de que esta opinión pudo ser sinceramente sentida, aunque carezca por completo de justificación histórica. En cualquier caso la responsabilidad del mando nacionalista parece evidente. El bombardeo fue realizado por aviones italianos y alemanes, pero a lo largo de esta campaña las operaciones tierra-aire estuvieron perfectamente coordinadas. No existe, en fin, ninguna prueba de que Franco protestara por lo sucedido ante alemanes o italianos.

Cuestión polémica, aunque menor en virulencia, ha sido la de los contactos entre los nacionalistas vascos y los atacantes con vistas a una eventual rendición. Entre unos y otros existía un punto de contacto nacido del común catolicismo. Por eso no es extraño que, en el punto álgido de la campaña de Vizcaya, desde el Vaticano se transmitiera una propuesta de rendición cuyos inspiradores eran Mola y Franco. Durante

Requetés jurando bandera en Barakaldo.
Archivo General de la Administración.
Ministerio de Educación, Cultura y Deporte

el mes de agosto emisarios nacionalistas se entrevistaron con dirigentes fascistas en Roma, contactos luego repetidos en Francia. En última instancia no hubo rendición formal a los italianos y, además, las unidades franquistas se interpusieron para impedirlo; el hecho es que a fines de agosto los batallones vascos se negaron a retirarse hacia Asturias para allí seguir el combate. En definitiva, la campaña en Vizcaya resultó la mayoría de edad de la guerra civil, tanto por los medios empleados como por la impresión de que las unidades utilizadas, en especial las atacantes, tenían una elevada calidad militar. El Ejército Popular siguió ofreciendo una apreciable semejanza con la época de la guerra de columnas.

Columna del ejercito sublevado dirigiendose a Santander.
Biblioteca Nacional

Si Vizcaya fue la mayoría de edad bélica para el ejército sublevado, en Santander pudo parecer que además este ejército había aprendido la gran maniobra y era capaz de ejecutarla. Esta provincia tenía una significación marcadamente derechista; durante las operaciones militares fueron abundantes las deserciones de las filas del Frente Popular y también los nacionalistas vascos dieron pruebas de ausencia de moral. Sin embargo el factor verdaderamente decisivo fue esa capacidad de maniobra antes mencionada. Hubiera resultado mejor para los republicanos defenderse en las zonas montañosas, prescindir del peligroso saliente que la línea mantenía en Reinosa y mantener los mismos mandos en vez de cambiarlos, tal como se hizo poco antes de iniciarse las operaciones. Los sublevados eran superiores en calidad y cantidad e iniciaron su ataque con una rápida estrangulación de la citada bolsa de Reinosa en solo tres días, capturando un elevado número de prisioneros, tras lo cual en la última quincena de agosto cortaron el frente de sur a norte rompiendo las comunicaciones con Asturias, para finalmente ocuparse de la gran bolsa que había quedado al este. Santander fue la primera ocasión en que habían dado la sensación de

Entrada de la Brigadas Navarras en Santander.
Archivo General de la Administración.
Ministerio de Educación, Cultura y Deporte

que comprendían que en una guerra lo decisivo no es tanto la ocupación del terreno como la destrucción del adversario. Consiguieron esto último, como se demuestra por el hecho de que hicieron unos 45.000 prisioneros.

Lo sucedido en Asturias durante los meses de septiembre y octubre de 1937 demuestra hasta qué punto puede ser decisiva en una guerra civil la moral para la resistencia. Allí la desigualdad de efectivos era absoluta en todos los terrenos, pero la resistencia fue mucho mayor que en Santander. Durante la primera quincena de septiembre el avance franquista fue decidido, bastando en ocasiones el fuego de la artillería o la acción de la aviación para que se produjera el colapso del adversario. Luego el tiempo y la orografía tendieron a facilitar una resistencia encarnizada: hubo un periodo en que fueron necesarios trece días para cubrir un avance de tan solo ocho kilómetros. Sin embargo, de nuevo, factores relativos a la carencia de unidad de mando militar y política contribuyeron a facilitar las cosas al atacante. A fines de agosto el Consejo asturiano se declaró "soberano", concentrando en sus manos todo el poder como si se desentendiera de las autoridades centrales y comunicando esta decisión a la Sociedad de Naciones, lo que para Prieto no tenía otra disculpa que "los

104

Carro de combate del Ejército Popular en el frente de Belchite.
Archivo General de la Guerra Civil Española, Salamanca.
Ministerio de Educación, Cultura y Deporte

dirigentes asturianos hubieran perdido la razón". Cuando acabó la lucha, todavía un elevado número de guerrilleros mantuvieron la resistencia distrayendo algunas tropas de Franco y testimoniando el carácter izquierdista de la provincia.

Con ello quedaba concluida la resistencia en la zona norte que, como veremos, modificó de forma sustancial el equilibrio de fuerzas. Pero es preciso hacer mención de lo que sucedía en los restantes frentes. Si Franco consiguió la superioridad en el norte, ello fue debido a concentrar allí sus efectivos. Lo lógico para su adversario era atacar en otras zonas, aprovechando su ventaja relativa. De hecho los ataques se produjeron y este mismo hecho demuestra hasta qué punto había cambiado la mentalidad del gobierno de Valencia, que ya concebía la posibilidad de una táctica ofensiva. De todos los modos, aunque hubo un total de ocho acciones, solo dos (Brunete y Belchite) pueden ser calificadas verdaderamente de ofensivas. Se debe achacar a los planificadores de la acción militar republicana el haber dispersado sus esfuerzos en una pluralidad de operaciones.

Era en la zona centro donde el Ejército Popular había recibido la mayor parte de sus aprovisionamientos materiales y donde, además, se había seguido una más consistente voluntad de militarizar sus efectivos. El primero de los ataques, a fines de mayo, fue el peor preparado, por la carencia de medios suficientes y de sorpresa. El intento consistió en tratar de llegar a La Granja y Segovia, pero las tropas maniobraron deficientemente en terreno montañoso, viéndose obligadas a volver a sus puntos de partida.

La ofensiva de Brunete, a lo largo del mes de julio, fue ya algo muy diferente. Allí el Ejército Popular dispuso de la más considerable maquinaria militar que existía en España principalmente en lo que respecta a concentración de artillería y de carros. El ataque hubiera servido para desembarazar por completo el frente de Madrid. En medio de un calor sofocante que convirtió las operaciones en una auténtica "batalla de la sed", las unidades del nuevo Ejército Popular penetraron en un principio profundamente, aunque encontraron encarnizada resistencia. Franco consideró que la ofensiva adversaria merecía inmediata respuesta y envió parte de sus tropas del norte hacia Brunete a pesar de que, con ello, provocó la irritación de algunos mandos del ejército del norte. Con esas unidades, en la segunda quincena del mes, se produjo la contraofensiva, que se prolongó durante algo más de una semana en durísimos combates de desgaste. La batalla acabó, como en el Jarama, por agotamiento de los dos contendientes. La ofensiva había tenido momentos muy brillantes y había demostrado que el Ejército Popular era muy superior a las milicias de antaño, pero había evidenciado también algunos de sus defectos: la falta de mandos subalternos, la mala utilización de los carros y, sobre todo, la incapacidad de conseguir la explotación de un éxito inicial. Si los atacantes cometieron errores algo parecido cabe achacar a Franco, que se empeñó en tomar una población tan carente de interés objetivo como era Brunete, cuando hubiera podido sacar mejor rendimiento a sus unidades en otros frentes.

A partir de este momento la zona centro ya no fue protagonista esencial de la guerra civil, ni pudo aliviar las penosas circunstancias que se vivían en el norte por parte del Frente Popular. Es necesario, pues, referirse a aquella otra zona en donde se podía llevar a cabo una ofensiva merced a la superioridad republicana, el frente de Aragón. La ofensiva sobre Zaragoza, a partir de finales de agosto de 1937, fue la operación

El Ejército Popular en la ofensiva de Brunete.
Archivo General de la Administración.
Ministerio de Educación, Cultura y Deporte

más brillante, e incluso se ha dicho de ella que constituyó "el más ambicioso plan que conoció el Ejército Popular a lo largo de su Historia": se trataba de ocupar la capital aragonesa de manera rápida mediante un ataque convergente desde los flancos. Los atacantes erraban respecto al estado de ánimo de sus adversarios, pero acertaban en otros aspectos como juzgar que sus medios eran escasos. Más grave fue que el Ejército Popular de nuevo mostró sus deficiencias: en un día fueron capaces de avanzar 30 kilómetros en un frente desguarnecido, pero a continuación mostraron lo que Rojo denominó como su "temor al vacío". En vez de seguir su progresión perdieron el tiempo sometiendo a reductos enemigos aislados. La ofensiva sobre Zaragoza solo hubiera podido tener un verdadero efecto sobre las operaciones allí en el caso de que la ofensiva de Brunete y la de Belchite hubieran coincidido.

Durante toda esta campaña no fueron escasos los errores de los franquistas, demasiado morosos y optimistas al principio y siempre atraídos en exceso por Madrid. Sin embargo, mayores responsabilidades cabe atribuirles en lo sucedido a sus adversarios. A fines de octubre de 1937, Prieto escribió un artículo en *El Socialista* en el que resumió las razones de lo sucedido: antagonismos políticos, intromisiones de la política en el mando militar, insuficiente solidaridad entre las diversas regiones, recelos ante los mandos, etc. Todas estas causas se resumían, según Prieto en "la falta de mando único cuya conveniencia reclaman todos, pero que casi nadie respeta". La situación, a este respecto, había sido muy diferente entre sus adversarios, pues concentraron sistemáticamente sus medios, principalmente los aéreos y artilleros.

Las consecuencias del final del frente norte fueron decisivas para el desarrollo de la guerra. Los historiadores militares aseguran que fue la clave de la victoria y citan a menudo las palabras de un republicano, Francisco Galán, para probarlo: según él, la guerra se habría perdido en el Estrecho, ganado en Madrid y "la volvimos a perder, ahora definitivamente en el Norte". El Ejército Popular había perdido una cuarta parte de sus efectivos y con su derrota propició que la mitad de la antigua potencia industrial del Frente Popular cambiara de mano. A partir de este momento Franco dispuso no sólo de la superioridad cualitativa de sus tropas sino también de la cuantitativa, debido al aporte demográfico de las zonas recientemente conquistadas, y también de la industrial. Desde entonces tuvo una ventaja que se ha podido cifrar entre el 25 y el 30%. El famoso balance inicial de fuerzas establecido por Prieto había cambiado de signo y la guerra parecía destinada ya a concluir en los primeros meses de 1938.

GUERRA Y ECONOMÍA

Como ya se ha indicado, el desenlace de la campaña del norte tuvo un papel de primerísima importancia que sirve para establecer un corte fundamental en la guerra civil. Una vez abordada esta etapa bélica, tiene sentido aludir a determinados aspectos de la guerra que sería posible tratar desde una perspectiva cronológica pero que alcanzan mejor comprensión de modo global. Abordaremos, en primer lugar, el aspecto económico de la guerra civil, la constitución paralela de dos maquinarias bélicas y, en fin, la evolución política de los dos contendientes, que a fines de 1937 había quedado perfilada de una manera definitiva.

Para las dos zonas en que quedó dividida España, el estallido de la guerra supuso una conmoción, aunque de diverso grado y carácter. Algunos fenómenos se dieron en ambas mientras que, como es lógico, las respectivas políticas económicas fueron no solo distintas sino radicalmente opuestas. Dada la tradicional vinculación con el exterior de la economía española, ambas zonas necesitaron ayuda exterior e

Trabajadora del Ejército Popular en una fábrica de armamento.
Archivo General de la Administración.
Ministerio de Educación, Cultura y Deporte

Mujeres en La Coruña, tejiendo ropa para el frente del ejército sublevado.
Biblioteca nacional

importaciones. El caso más evidente es el de los productos petrolíferos, tan decisivos para la guerra. La Campsa de los sublevados se benefició de un tratamiento benévolo de la empresa norteamericana Texaco, que proporcionó un millón de toneladas en condiciones favorables, mientras que el Frente Popular no obtuvo estas ventajas. De todos los modos, para este último bando resultó todavía un problema mayor el de los abastecimientos de alimentos, y ello por una razón obvia: así como en la zona controlada por el Frente Popular se concentraba originariamente la mayor parte de la industria española, tenía menores recursos agrícolas. La zona del Frente Popular no tuvo más que una quinta parte del ganado vacuno, una décima del ovino y algo menos de un tercio del trigo, para una población que era superior a la de la zona adversaria. Así se explica que, a pesar del pronto racionamiento, desde el principio hubiera dificultades en este terreno, que fueron mucho menos sentidas por los adversarios. La guerra civil, con la consiguiente movilización de los recursos humanos en ambos bandos, supuso la desaparición del paro. En cambio, se disparó inmediatamente la inflación en las dos zonas, aunque en unas magnitudes muy diferentes: en la zona sublevada la inflación fue del 37% durante todo el periodo bélico, mientras que en la controlada por el Frente Popular tan solo durante los últimos meses de 1936 se alcanzó la cifra del 50%.

El General Queipo de Llano, en Sevilla, visita los solares
donde se construirán casas baratas.
Biblioteca Nacional

Si esos fueron los problemas comunes de las dos Españas, hubo otros que fueron resueltos de manera muy distinta. El principal de ambos bandos fue, como es lógico, el de financiar un esfuerzo tan considerable. A este respecto no pueden imaginarse políticas más divergentes. Como dijo un funcionario de Hacienda republicano "Burgos tuvo la habilidad o la fortuna de hacer la guerra a crédito". El bando sublevado recurrió a suscripciones, recortes en los sueldos de los funcionarios y otras medidas, pero el principal mecanismo de financiación de que dispuso fue la cesión de armas a crédito por parte de Italia y Alemania. Se ha calculado que la España de Franco recibió entre 659 y 681 millones de dólares de la época, cifra que está muy cercana a la de la España del Frente Popular y que, por tanto, parece demostrar una cierta equivalencia entre la ayuda conseguida del exterior por cada uno de los dos bandos. La financiación a crédito, por otro lado, implicaba un grado de compromiso por parte de los prestatarios muy superior al de las potencias que vendían a cambio de un pago inmediato contante y sonante.

Una fábrica de armamento de la República.
Archivo General de la Administración.
Ministerio de Educación, Cultura y Deporte

La financiación del Frente Popular no podía ser, probablemente, mas que ésa y a ella se lanzó desde el principio el Gobierno porque no tenía otro remedio; al hacerlo, en realidad no hizo otra cosa que contribuir a malacostumbrar el mercado internacional del armamento. Esto parece haber sido especialmente cierto en el caso de los primeros meses de guerra, en que los emisarios del gobierno republicano gestionaron la venta de una primera parte de las reservas de oro españolas en Francia.

Taller de confección de uniformes para la tropa del ejército republicano.
Biblioteca Nacional.

Constaban de unas 640 toneladas de oro fino, equivalentes a 725 millones de dólares de la época. Desde una fecha muy temprana los gubernamentales recurrieron, pues, a este procedimiento de financiación, que motivó las protestas airadas del adversario. Con todo, la decisión no fue definitiva hasta septiembre de 1936, fecha en que la totalidad del depósito aurífero fue trasladado a Cartagena, de donde partiría a Rusia. La cantidad allí enviada supuso el 73% del total existente (460 toneladas) y fue fundida y en su mayor parte se vendió para la obtención de divisas en París: solo un tercio parece haber sido abonado directamente a la URSS. Todo hace pensar que tiempo antes de concluir la guerra estaba ya agotada la cuenta española. En cualquier caso parece evidente que el gobierno del Frente Popular dependía por completo de la URSS en cuanto a sus aprovisionamientos y ésta podía, por tanto, ejercer una influencia decisiva sobre los precios del armamento. De los depósitos de oro español tan solo una pequeña cantidad pudieron ser recuperados por los vencedores

Servicio de reservas de oro de donaciones
extranjeras del gobierno de Burgos.
Biblioteca Nacional.

de la guerra. Los vencidos liquidaron también la mayor parte de las reservas de plata, mucho menos valiosas (20 millones de dólares).

La política económica seguida por cada uno de los bandos resultó muy distinta, porque divergentes eran también las concepciones fundamentales, aunque hubiera una obvia coincidencia en lo que respecta a las tendencias centralizadoras y a la creciente intervención del Estado. No es extraño que esta tendencia se diera también en el bando franquista, porque éste asumió las tesis nacionalistas en materia económica que habían caracterizado a la derecha española desde comienzos de siglo. De hecho Franco siguió concediendo una relevancia singular al periodo bélico incluso cuando empezó a practicarse en España una política económica que nada tenía que ver con la de aquella época. Quizá en el apartado en que fue más precisa una línea de conducta por parte de los inspiradores de la política económica del llamado Nuevo Estado fue en lo que respecta a la política agraria. En una fecha tan temprana como agosto de 1936 se procedió a la suspensión de la reforma agraria, aunque la tierra no sería efectivamente devuelta hasta comienzos de 1940. Esta medida se vio completada con la creación, en el verano de 1937, del Servicio Nacional del Trigo, que satisfizo los intereses de los pequeños agricultores de la mitad norte de la Península.

En el bando adversario lógicamente el punto de partida revolucionario implicaba un mayor grado de experimentación en el terreno económico y la fragmentación del proceso revolucionario obligaba a una concentración de las decisiones para la mejor eficacia de la maquinaria bélica. Ambos rasgos deben haberse dado en la totalidad de la geografía peninsular, pero nos resultan especialmente bien conocidos en el caso de Cataluña. Allí, en agosto de 1936, se creó un Consell d'Economía que diseñó un *Plan de Transformación Socialista del País*. Las medidas tomadas en agricultura y en industria no hicieron otra cosa que consolidar las colectivizaciones llevadas a cabo espontáneamente. La mejor prueba de esas dudas reside, sobre todo, en el hecho de que se siguiera especulando sobre la futura organización económica, mientras que los enfrentamientos entre los diversos partidos eran a menudo muy duros. Durante el año 1937 la centralización de las decisiones se hizo en beneficio de la Generalitat, que disponía de un interventor en las empresas colectivizadas y, sobre todo, del crédito. La posterior creación de una comisión de industrias de guerra, en agosto de ese año, y el decreto de intervenciones especiales, en noviembre, aumentaron ese poder, pero en la etapa final de la guerra la presencia en Barcelona del gobierno republicano tuvo como resultado una creciente influencia de éste. Los índices de la producción industrial no fueron muy satisfactorios, sobre todo en la primera etapa de la guerra. A fines de 1936 habían descendido a la cota 69 (para enero de 1936, 100), y no se recuperaron, sino que descendieron en cascada ya en 1938.

Queda con esto descrita la divergencia existente entre las dos políticas económicas. Como veremos, también en materias militares y políticas las dificultades de los vencedores fueron mucho menores que las de los gubernamentales.

Jovenes milicianos.
Archivo General de la Administración.
Ministerio de Educación, Cultura y Deporte

La formación de dos ejércitos y
la conducción de la guerra

A la altura del momento en que se produjo la liquidación de la zona norte había quedado perfilada ya de manera casi definitiva la formación de dos ejércitos, cuyos rasgos fundamentales perduraron hasta el final mismo de la guerra civil. Una de las más graves tragedias del Frente Popular fue que en el momento en que pudo considerarse que ya contaba con un verdadero ejército –de todos los modos inferior en calidad al adversario– éste ya disponía de una notoria ventaja a su favor.

Instrucción militar de los nuevos reclutas en Valencia.
Foto: Lázaro. Biblioteca Nacional

La gestación de este ejército fue muy complicada y lenta, e incluso alguno de los dirigentes militares del bando vencido llegó a decir que cada uno de los sectores geográficos actuó no solo con autonomía, sino con auténtica independencia respecto a los demás. Ya en los programas

Izquierda, soldados del PSUC. Archivo General de la Guerra Civil
Española, Salamanca. Ministerio de Educación, Cultura y Deporte
Derecha, cartel de propaganda del batallón Lincoln. Foto: Robert Cappa.
Biblioteca Nacional.

de la izquierda anteriores al estallido de la guerra, había existido alguna manifestación del deseo de suprimir el Ejército, sustituyéndolo por unas milicias. La sublevación contribuyó a destruir no solo el poder político de las instituciones republicanas sino también la capacidad de acción militar. Una de las primeras medidas gubernamentales fue la de declarar disueltas las unidades insurrectas y licenciados sus soldados. Esa medida no tuvo aplicación en el adversario, pero en cambio fue lo más normal en las que permanecieron fieles al Gobierno.

El resultado fue la proliferación de las milicias y la ausencia de una oficialidad capaz de dirigirlas. Lo que ahora nos interesa es señalar que la situación cambió muy lentamente. Siendo de muy escasa utilidad militar, los milicianos recibieron una paga diaria semejante a la de los obreros especializados de la época. Claro está que hubo siempre una notoria diferencia de calidad entre unas milicias y otras. El ejemplo más característico de disciplina y de calidad militar está constituido por el llamado Quinto Regimiento, formado por los comunistas. De todos los modos sería abusivo considerar que fueron los únicos que lo hicieron en este bando, pues algunos de los jefes militares más aptos en el Ejército Popular fueron personas, como el anarquista Cipriano Mera, que, en un principio, se habían opuesto a cualquier tipo de militarización.

Soldados de la columna Durruti en una vía férrea. Archivo General de la Guerra Civil Española, Salamanca. Ministerio de Educación, Cultura y Deporte

Enrique Líster y Juan Modesto. Archivo General de la Guerra Civil Española, Salamanca. Ministerio de Educación, Cultura y Deporte

La mejor prueba de hasta qué punto era imprescindible la militarización es que en su primera etapa fue protagonizada por Largo Caballero, cuyo diario se había declarado contrario a ella inicialmente. El nuevo ejército, denominado Popular, no fue otra cosa que la reconversión de las unidades milicianas en otras de carácter regular. Tuvo como distintivo la estrella de cinco puntas, mientras que el saludo tradicional fue sustituido por el puño cerrado. En el Ejército Popular este carácter partidista venía recalcado por el hecho de que existieran comisarios políticos. La organización militar adoptada fue la llamada *brigada mixta,* que venía a ser una pequeña gran unidad dotada de un conjunto de armas y servicios como una especie de ejército en miniatura. Era, por un lado, la derivación lógica de las columnas que habían estado presentes en los campos de batalla hasta el momento, pero también se trataba de una unidad militar flexible y más avanzada que la vieja división en regimientos y batallones.

Los problemas del Ejército Popular derivaron no de ello sino del papel que la oficialidad desempeñó en su seno. Muy a menudo los militares fueron utilizados como simples asesores de los milicianos o de compañeros de armas de graduación inferior. Ello debe ser tenido en cuenta a la hora de computar el número de oficiales que permanecieron fieles al gobierno frentepopulista, porque estas condiciones de actuación disminuían gravemente su eficacia. Como en el bando adversario, el Ejército Popular debió crear *tenientes en campaña*, es decir, oficiales improvisados.

Entre los jefes militares del Ejército Popular los hubo de muy diferentes procedencias y calidades. En torno a un quince por ciento de los mandos divisionarios nunca fueron jefes de milicias. Éstos dieron lugar a algunos mandos disciplinados y brillantes, como, por ejemplo, los comunistas Modesto, que llegó a general, y Líster, que se había formado en Moscú en la Academia Frunze y que alcanzó el grado de coronel. En estos mandos al partido comunista le correspondió un papel de primera importancia, muy superior a la de quienes procedían de la CNT. Hubo también otros jefes militares que habían tenido un pasado inconformista en la etapa de la Monarquía (Cordón, Tagüeña, Casado...) El general Rojo, que también era profesional y católico, fue ya desde la época de Largo Caballero, pero sobre todo en la de Negrín, como Jefe del Alto Estado Mayor, principal inspirador de las operaciones militares más arriesgadas y también más brillantes.

A la hora de juzgar la calidad de este nuevo ejército hay que insistir de nuevo en la lentitud y las insuficiencias de la militarización. Esto hizo que solo un número limitado de unidades tuviera un verdadero dominio del arte militar, por lo que debían ser empleadas inevitablemente allí donde se producía una ofensiva. Este era el caso de las Brigadas Internacionales o de determinadas unidades de filiación ideológica comunista. Un inconveniente del Ejército Popular fue también la ausencia de mandos intermedios, como consecuencia de lo cual las órdenes de ofensiva debían ser pormenorizadísimas para que fueran cumplidas a rajatabla. La calidad de las tropas resultó superior en posición defensiva que en la ofensiva, pues en esta última prácticamente no emplearon la maniobra y nada más emprendido el ataque sentían temor a dejar posiciones adversarias en retaguardia. Esos problemas de calidad contribuyen a ex-

Soldado escribiendo una carta en el frente.
Biblioteca Nacional.

plicar que, muy a menudo, sus bajas fueran más considerables que las adversarias. Bien mirado, teniendo en cuenta el punto de partida miliciano del Frente Popular, no puede extrañar que ése fuera el resultado. Lo que sorprende, por el contrario, es que el Frente Popular consiguiera levantar una fuerza armada de 600/700.000 soldados a la altura del final de la campaña del norte y más aun que inmediatamente después emprendiera una ofensiva como la de Teruel.

El bando adversario tuvo muchos menos problemas para constituir un ejército. La mejor prueba de ello es que los voluntarios se integraron en las unidades militares. El Ejército no solo incoporó a sus filas a esos voluntarios sino que impidió que las fuerzas políticas tuvieran sus propias academias militares. Eso, sin embargo, no disminuyó el entusiasmo de las masas adictas a la sublevación que nutrieron las filas del Ejército. Hubo también problemas relativos a la formación de la oficialidad, imprescindible para encuadrar a los voluntarios. Los *alféreces provisionales* partieron de un nivel cultural superior al de los tenientes en campaña y eso quizá les hizo más valiosos desde el punto de vista militar. En muchos aspectos cabe establecer un paralelismo entre los dos

Requetés en un puesto de ametralladoras en operaciones de
limpieza de armamento.
Archivo General de la Administración.
Ministerio de Educación, Cultura y Deporte

ejércitos en pugna, a pesar de esa diferencia fundamental. Por ejemplo
también los franquistas debieron confiar, casi exclusivamente, para sus
maniobras ofensivas en unidades de élite que, en su caso, eran los marroquíes, los italianos, las Brigadas Navarras o la Legión. Una prueba del
desgaste de este tipo de unidades nos la da la elevada cifra de muertos.

A Franco le bastó perfeccionar el ejército de que partía y no debió
crear uno nuevo. Los dirigentes militares sublevados eran jóvenes
(Franco tenía 43 años, pero, por ejemplo, Asensio no llegaba a los 40) y
su experiencia profesional había sido dirigir unidades que no superaban
el batallón. La consecuencia de ello es que podían ser duchos en la
organización de pequeños combates pero eran poco capaces de grandes
maniobras. Su capacidad de concentración de los recursos daba
superioridad en cualquier punto que eligieran para la ofensiva a los
sublevados: después de la campaña del norte los sublevados tenían
700.000 hombres, pero podían concentrar el 40% de esta cifra para
iniciar el ataque. Concentración no quiere decir, sin embargo, maestría
estratégica. Todos los observadores extranjeros acusaron a Franco de
actuar con excesiva lentitud; muchos de sus propios generales le
reprocharon una táctica timorata y conservadora sin haber empleado
mas que muy excepcionalmente la gran maniobra. Tiene razón Rojo

cuando afirma que el ejército vencedor no libró en realidad ni tan siquiera "una gran batalla", sino que procedió a un avance simplista y
elemental. Pero si despliegues como Santander, Alfambra o la batalla de
Cataluña fueron excepcionales, la razón deriva, en última instancia, de
esa experiencia africanista que caracterizó a los militares sublevados.
Queda, en fin, un último rasgo de interés en relación con este ejército.
Al final de la guerra contaba con un millón de hombres, lo que podía parecer un espectacular progreso con respecto a la etapa inicial de la
misma, pero, al mismo tiempo, disponía de tan solo unos seiscientos carros, y de esa cifra de efectivos personales solo 30.000 eran ingenieros
o artilleros. Era un ejército, en fin, que recordaba al pasado más que
presagiar el futuro.

Grupo de falangistas, en Burgos, esperando la llegada de Francisco Franco.
Biblioteca Nacional

Como en el caso del Frente Popular, el primero y más evidente resultado del alzamiento militar fue la fragmentación de la autoridad política entre los sublevados, pero en este caso fue solo la consecuencia del fracaso del pronunciamiento. Con el transcurso del tiempo se logró un grado elevado de unidad sin derramamiento de sangre que se explica por la peculiar mentalidad que guiaba a los sublevados. Para ellos se trataba de evitar, ante todo, el triunfo de una revolución que sintieron como inminente a pesar de que ni estaba preparada ni existía un grupo político capaz de protagonizarla. Probablemente si la sublevación hubiera triunfado se habría constituido un directorio militar con algunos técnicos dentro de un régimen formalmente republicano, y es previsible que ese

Los generales Orgaz y Dávila con el conde Ciano,
a la salida de una exposición en San Sebastián.
Biblioteca Nacional

régimen hubiera sido temporal. Con el paso del tiempo hubo ya un propósito de construir una fórmula política mucho más estable, pero la precisión siguió brillando por su ausencia. Es significativo que el mismo Franco no tuviera empacho en declarar que quería construir un Estado que fuera "la antítesis de los rojos". Tal propósito se reducía a una fórmula que reconstruyera la unidad nacional frente al pluralismo de los partidos, pero mantuvo una esencial indefinición durante todo el conflicto.

La fragmentación inicial de los sublevados puede ser ejemplificada en Navarra y en Sevilla. En el primer caso, la existencia de una fuerza política arraigada desde hacía tiempo y con una neta hegemonía, como era el carlismo, permitió la creación de una Junta que venía a ser una especie de germen de Estado. En Navarra, en las primeras semanas de la guerra se tomaron disposiciones que en condiciones normales son solo imaginables con carácter general y no solo en una provincia, como, por ejemplo, la reintegración del crucifijo en las escuelas. Lo sucedido en Sevilla fue el producto de la fuerte personalidad de Queipo de Llano, cuya autoridad se veía multiplicada por lo inesperado de su victoria. Fue él quien nombró a los gobernadores, legisló en materia económica y social y prestó muy poca atención a la Falange.

De todos modos, los sublevados desde muy pronto sintieron la necesidad de una dirección unificada. La constitución de una Junta de Defensa en Burgos a fines del mes de julio resulta una buena prueba. La Junta no era más que un instrumento de administración y de intendencia de la retaguardia, presidido por el general más antiguo, Cabanellas. En suma, como luego diría Serrano Suñer, lo que allí había era un "Estado campamental", impreciso en sus funciones y en sus objetivos. Sin embargo, detrás de esa voluntad unificadora había un grupo político, los monárquicos, conscientes de que tan solo a través de la influencia en los medios militares lograrían dar contenido en su propio beneficio a la España de los sublevados.

Fueron generales monárquicos, como Orgaz y Kindelán, los principales autores del nombramiento de Franco para la suprema dirección de los sublevados. Da la sensación de que para lograr su nombramiento Franco empleó un arma que en él pronto se convirtió en habitual, es decir, la dilación. Finalmente la cuestión se resolvió tras unas reunio-

Franco con el general Dávila, el coronel Vigón y Serrano Suñer,
en el frente de Aragón en el verano del 37.
Biblioteca Nacional

Primer consejo de ministros celebrado por el
gobierno de Franco el 2 de febrero de 1938.
Biblioteca Nacional

nes, a fines del mes de septiembre, en la finca del ganadero Pérez Tabernero en la provincia de Salamanca. Las noticias que tenemos acerca de lo acontecido resultan muy esclarecedoras en cuanto que revelan que los militares estaban totalmente de acuerdo en la idea de la unidad de mando militar y político, pero de ninguna manera pensaban que como consecuencia de ello naciera una dictadura personal ilimitada en su duración. En efecto, si hubo reticencias a la concentración de todo el poder en una persona, el decreto aprobado originariamente preveía tan solo la asunción del poder político durante el transcurso de la guerra. La disposición que fue publicada, no obstante, atribuía a Franco la ambigua condición de jefe del Gobierno del Estado y, sobre todo, no limitaba la duración de su mandato en el tiempo. La guerra, sin embargo, estaba destinada a convertir el mando único en caudillaje.

Al mismo tiempo que se creaba el mando único, se modificó la Junta, que pasó a ser un órgano de intendencia de la retaguardia. La presidió en primer lugar el general Dávila, hasta que le sustituyó Jordana. Ambos eran militares con una sólida experiencia en Marruecos y capaces para las tareas organizativas, pero no habían tenido una experiencia política. En general, y con la posible excepción de las materias relativas a la cuestión religiosa, en las que se inició la labor restauracionista que caracterizó luego al franquismo, la obra de la Junta Técnica recuerda más a la derecha tradicional que al fascismo. La Junta estuvo dominada por militares y ese dominio se veía multiplicado por el hecho de que de manera paralela y harto disfuncional Franco disponía de otros organismos de su directa responsabilidad: de él dependía una Secretaría General, ocupada por su hermano Nicolás. A fines de 1937 era ya patente la disfuncionalidad de esta organización.

Mientras tanto tenía lugar una evolución política interna importante que llevaría a la constitución de un partido único. Hay que tener en cuenta la peculiaridad de la situación en que se encontraban los diferentes grupos políticos cuyas masas habían apoyado desde un principio la sublevación. El gran partido de la derecha durante la etapa republicana había sido la CEDA, pero su colaboracionismo con la República supuso su marginación. Los monárquicos procedentes de Renovación Española, por su parte, siempre carecieron de masas y confiaron en adquirir influencia por el procedimiento de asesorar a los militares. Prueba de su escasa reticencia a la unificación reside en el hecho de que cuando don Juan de Borbón quiso acudir a combatir al lado de Franco lo hizo vistiendo de una manera que presagiaba el uniforme del futuro partido. Franco no le autorizó a hacerlo porque eso le hubiera supuesto un conflicto con los dos grupos políticos emergentes en la España por él acaudillada. Desde el comienzo del periodo bélico tradicionalistas y falangistas desempeñaron este papel, merced a su capacidad para adaptarse a la beligerancia. Pero unos y otros estaban en una situación muy peculiar y difícilmente podían enfrentarse a Franco.

El problema de los falangistas en esos momentos fue que habían pasado de ser un cuerpo minúsculo con una gran cabeza a ser un cuerpo monstruoso sin cabeza. En efecto, sus bases se habían multiplicado de manera desbordada sin que las esperanzas de que José Antonio se mantuviera en vida sirvieran verdaderamente para que aparecieran nuevos dirigentes. Manuel Hedilla, hombre honesto, austero y trabajador, fue elegido al frente de una junta de mandos en agosto de 1936; sus indudables cualidades se unían en su persona a una evidente carencia de instrucción y de imaginación. Su problema principal fue la carencia de capacidad de liderazgo, pues, a pesar de su elección, nunca fue aceptado por la mayoría de los dirigentes falangistas. De ahí el nacimiento de un cantonalismo falangista cuyo contenido ideológico resulta difícilmente precisable. Los dirigentes falangistas eran todo lo contrario de dóciles: jóvenes estudiantes inexpertos y embriagados de violencia. Difícilmente podía esperarse de ellos una auténtica disciplina. Por su parte el tradicionalismo estaba dividido ya desde la época de la Segunda República en una dirección nacional, la de Fal Conde, y la de aquella región donde el tradicionalismo había tenido desde fecha muy temprana una mayor implantación, es decir Navarra, en donde predominaba el conde de Rodezno.

Al respecto de ambas fuerzas políticas, la actitud de Franco fue siempre decidida y taxativa no solo en materias estrictamente militares sino también políticas. Cuando, en diciembre de 1936, los carlistas crearon una Academia Militar que concedería títulos de oficial, Franco habló de traición, suprimió la Academia y obligó a Fal Conde a exiliarse, con lo que multiplicó, de hecho, la desunión en el seno del tradicionalismo. Por aquellas fechas había ya practicado la disciplina sobre los falangistas con idéntico rigor a como lo había hecho con los tradicionalistas. Cuando éstos quisieron distribuir un discurso de José Antonio en el que éste había mostrado una voluntad revolucionaria, Franco recurrió para evitarlo a la legislación que prohibía las actividades políticas y no tuvo el menor reparo en destituir a tres jefes falangistas castellanos.

Asamblea provincial de las JONS, celebrada en Pontevedra.
Biblioteca Nacional

La única posibilidad de resistencia ante la voluntad de Franco de crear un partido único, que se fue haciendo patente a partir de las primeras semanas de 1937, consistía en que carlistas y falangistas decidieran por sí una unificación que les convirtiera en un contrapeso ante el creciente poder de la dirección militar. Los tradicionalistas, que habían crecido mucho menos que la Falange, intentaron incorporar a sus filas a la Lliga y a la CEDA. A lo largo del mes de febrero de 1937 hubo conversaciones en Lisboa y Salamanca, sin que resultasen verdaderamente relevantes las diferencias entre las facciones existentes en ambos grupos políticos. El verdadero factor de divergencia fue la tendencia de Falange a considerar que la única unidad posible consistía en que ella absorbiera el tradicionalismo. Pero la unificación estaba decidida antes de que estallara la lucha en el seno de Falange. Franco, además, no estaba dispuesto a consultar sobre ella sino tan solo a notificarla.

Pedro Laín Entralgo, Dionisio Ridruejo y Pilar Primo de Rivera con la
delegada de las Juventudes Hitlerianas, Srta. Lotlereigeren.
Biblioteca Nacional

La lucha de facciones en el seno de la Falange fue, por tanto, un
factor que ayudó a Franco, pero que no provocó su decisión. En el fondo
lo que había tras esa lucha era la simple ausencia de una jefatura
comunmente aceptada en el seno de Falange. El 16 de abril de 1937 el
enfrentamiento se tradujo en dos muertos, producto, más que de un
atentado, de la tendencia de los dirigentes falangistas a ir con escoltas
armados. Ni aun después de estos sucesos, que supusieron la detención
de los tres adversarios fundamentales de Hedilla, la victoria fue pírrica y
volátil. La mejor prueba de ello es que las conversaciones de los dirigentes falangistas de estos días demuestran una excepcional carencia de
información y de criterio ante la situación. Ni por un momento pensaron
en resistir. En realidad, Franco ni tan siquiera hubo de utilizar la fuerza,
sino que se limitó a evitar que circularan emisarios falangistas a través
de los territorios por él controlados.

Bastó eso para producir la unificación, que se convirtió en decreto una
semana después de los incidentes. Partiendo de que una acción eficiente
de gobierno era incompatible con la lucha de partidos, se dio luz a un par-

Visita al alcázar de Toledo de Ramón Serrano Suñer.
Biblioteca Nacional

tido de kilométrica denominación, Falange Española Tradicionalista de las Juntas de Ofensiva Nacional-Sindicalista. En su dirección estaba previsto que figurara Hedilla, pero, al negarse, fue acusado de los incidentes del 16 de abril y de haber mantenido una posición de resistencia ante Franco, y condenado a muerte, aunque fuera luego indultado.

Se ha interpretado por algunos historiadores que en esta ocasión Falange "se suicidó", pero dicha afirmación no parece cierta si tenemos en cuenta que su tono revolucionario era, a diferencia de lo sucedido en otros grupos fascistas, superficial. Un elemento crucial para llegar a

Ramón Franco en la recepción celebrada
en el ayuntamiento de Salamanca, el 5 de enero de 1938,
en honor de los académicos del Instituto España.
Biblioteca Nacional

entender el éxito de Franco consiste en que en esta ocasión, como en tantas otras, dio la sensación de adoptar una medida provisional y de urgencia y, por tanto, susceptible al cambio, cuando en realidad no hacía otra cosa que ratificar su absoluta preeminencia.

Desde fines de 1937 fue haciéndose evidente en el bando sublevado la urgencia de constituir un organismo de gobierno y administración más eficaz que el hasta entonces existente. A la creación de un gobierno propiamente dicho coadyuvaron Jordana, su presidente y Serrano Suñer, la estrella ascendente en la política de los sublevados. Finalmente el Gobierno quedó constituido en los primeros días de febrero de 1938, tras la batalla de Teruel. Jordana fue vicepresidente-secretario, asumiendo también la competencia acerca de las relaciones exteriores, pero todavía fue mayor la influencia de Serrano. Tanto el programa como las principales disposiciones de política interior salieron de sus manos y, por si fuera poco, parece haber inspirado la propia composición del gabinete. Como sería habitual en la España de Franco, caracterizó a este primer gobierno una composición plural y muy medida: junto a dos falangistas había tres generales, dos monárquicos alfonsinos, un tradicionalista, dos ingenieros y un antiguo cedista. Serrano también lo había sido, pero no era ésta la razón de su ascenso político. Cuñado de Franco, al que por tanto le unían vínculos familiares, tenía unas capacidades administrativas y de traducir en textos legales la voluntad política del Jefe del Estado de las que éste carecía. Bien dotado intelectualmente, era el único de los miembros del Gabinete capaz de esbozar y defender un programa político como alternativa al Estado campamental hasta entonces existente. El contenido de dicho programa, siempre en favor de la preeminencia de su cuñado y de él mismo, trataba de aunar el calor popular, social y revolucionario de las doctrinas falangistas con las algo más inactuales del carlismo, pero en realidad favoreció mucho más a la primera que al segundo y sentó el primer paso para el intento de fascistización de la posguerra. Tenso, absorbente y personalista, Serrano Suñer se vio gravemente perjudicado siempre por su ambición evidente y su carencia de don de gentes.

De todos modos no debe pensarse que la sustitución del Estado campamental por uno nuevo fuera tan inmediata ni que la obra legislativa en el bando de Franco fuera amplia y significativa. La mejor muestra de que el Estado campamental perduró reside en que siguió repartido en una pluralidad de sedes en toda la meseta superior y el norte. Quizá la tarea más perdurable fuera la Ley de Prensa de 1938, que introducía unas concepciones beligerantes contra la libertad de prensa, incluyendo la censura y el nombramiento gubernativo de los directores de los medios de comunicación. Caracterizó a la legislación, acerca de los aspectos vinculados con los ministerios de Justicia y Educación, una voluntad decidida de restauracionismo religioso que llevó a la purga del personal docente y a la abolición de la legislación laica de la República, dando un extremado carácter clerical a la nueva. Lo que luego fue denominado como *Fuero del Trabajo,* única disposición de rango constitucional aprobada en el transcurso de la guerra, fue elaborado por dirigentes falangistas, por lo que tenía concomitancias con el fascismo pero luego, por influencia monárquica y tradicionalista, no pasó de ser un conjunto de declaraciones generales no traducidas en legislación concreta.

Entierro en Burgos del general Emilio Mola el 3 de Junio de 1937.
Biblioteca Nacional

A lo largo de 1938 las victorias militares de Franco en la guerra no fueron acompañadas de una paralela clarificación del panorama político interno de su régimen. El nuevo partido ya a estas alturas se había demostrado como una entidad artificial sin capacidad para la actuación autónoma y enfrentada en la práctica en su seno por la fundamental discrepancia entre las dos organizaciones originarias. El Consejo Nacional de FET de las JONS estuvo formado por numerosas personas, pero la mayor parte poco significativas. Desde muy pronto se percibió que el Consejo no serviría para otra cosa que para aparatosas ceremonias medievalizantes realizadas para la exaltación de Franco.

La Junta Política se reunió más asiduamente pero estaba todavía más dominada desde las alturas. Franco se consideraba "responsable ante Dios y ante la Historia" y no sujeto, por tanto, a procedimiento alguno de destitución o de juramento. Raimundo Fernández Cuesta, un personaje gris y desconfiado que recibió la Secretaría General del partido, muy pronto decepcionó las esperanzas que en él habían puesto los falangistas

puristas. Falange, no obstante, fue la beneficiaria fundamental y aun casi
única de la unificación, sobre todo en determinados cargos provinciales y
locales. Los carlistas, por ejemplo, apenas tuvieron media docena de
gobiernos civiles.

Servicio de Propaganda del gobierno de Franco en Burgos.
Biblioteca Nacional

Pero no solo la unificación había sido un fracaso, sino que en la etapa
final de la guerra, mientras Franco parecía cada vez más seguro y consciente de su condición de "Caudillo", algunos de sus principales
colaboradores parecían decepcionados de sus capacidades e incluso del
papel que ellos mismos habían tenido en su promoción. Gran parte del
malestar existente entre los ministros y, en general, la clase dirigente del
régimen era producto del ascenso de Serrano Suñer, único ministro que
aparecía en la prensa y que parecía beneficiarse constantemente de su relación familiar con Franco.

Puede decirse, en conclusión, que durante la guerra civil, de una
manera poco frecuente, teniendo en cuenta lo que sucede habitualmente

en este género de conflictos, el bando sublevado consiguió un grado de unidad considerable. Todo ello, sin duda, contribuyó de manera importante a la victoria, aunque es dudoso lo que podría haber llegado a suceder si en algún momento los sublevados hubieran experimentado una grave derrota militar. Franco utilizó su habilidad, pero, además, se vio beneficiado por la ventajosa posición que nacía de la peculiar situación de las fuerzas políticas que dirigía. En lo que tenía de régimen dictatorial personal y militar, muy poco institucionalizado y con un partido único de influencia limitada, se puede decir que el franquismo nació como régimen durante la guerra civil.

Manuel Azaña y Antonio Maura.
Archivo General de la Administración.
Ministerio de Educación, Cultura y Deporte

LA EVOLUCIÓN POLÍTICA DEL FRENTE POPULAR

El panorama que ofrece el Frente Popular durante la guerra civil resulta considerablemente distinto al del bando franquista que acabamos de describir. Las dos cuestiones más decisivas de la guerra fueron la formación de un ejército regular y la realización o no de la revolución social, política y económica, y, respecto a ellas, existieron posturas diferentes que llegaron a ser irreconciliables. Luego el imperio de las circunstancias fue modificando la situación imponiendo la adaptación a las necesidades del momento, pero nunca desapareció el enfrentamiento inicial de tendencias. Se suele decir que los dos polos extremos de enfrentamiento fueron aquellos que representaban el partido comunista y el anarcosindicalismo. Sin embargo no debe olvidarse que la diferencia radical entre ambas opciones se dio principalmente en la fase inicial de la guerra. Por otro lado, se debe recordar que estas dos

El general José Miaja y Valentín González "el Campesino",
en un desfile militar en Guadalajara.
Biblioteca Nacional

Derecha, Manuel Azaña. Izquierda, Francisco Largo Caballero.
Archivo General de la Administración.
Ministerio de Educación, Cultura y Deporte

posiciones no representaron nunca la totalidad del espectro político en la España del Frente Popular, ni siquiera la mayoría. Al enfrentamiento entre ambos hay que sumar la pugna entre el socialismo prietista y el caballerista, el de las dos versiones de comunismo (el ortodoxo y el POUM) o la que separó a los partidos centralistas de los grupos nacionalistas catalanes y vascos. Por si fuera poco, a todos estos factores hay que sumar las divergencias personales entre los dirigentes políticos de cada formación.

Siempre será útil aludir a esa esencial divergencia inicial entre comunistas y anarquistas. La postura de los primeros constituyó un completo cambio respecto a lo que había sido habitual durante la primera parte de la etapa republicana. Si en ese momento caracterizó al partido una actitud maximalista, revolucionaria e insurreccional, ahora su cambio fue tan grande que vio una España donde estas actitudes resultaban muy patentes. Gran parte de las razones derivaban de su condición de partido influido directamente desde Moscú y, por lo tanto,

El general Miaja en el acto de entrega de una ambulancia quirófano.
Biblioteca Nacional

Fiesta deportiva militar en Chamartín el 26 de abril de 1937; entre los
asistentes, José Miaja, Santiago Carrillo y Valentín González
"El Campesino". Biblioteca Nacional

proclive a tener en especial consideración los intereses de la política exterior soviética. La paradoja era que los comunistas españoles parecieran muy poco dispuestos a fomentar las colectivizaciones, exactamente en el mismo momento que este proceso tenía lugar en la Unión Soviética. El PCE sólo defendió la necesidad de llevar a cabo algunas medidas que en teoría hubieran sido factibles en un régimen democrático republicano, aunque al mismo tiempo daba por supuesto que el régimen había cambiado de manera esencial y, por lo tanto, lo que habría en el futuro sería un sistema político "de nuevo tipo", definición ésta muy imprecisa y muy poco reconfortante para quienes creían en la República de 1931. Como contrapartida, fue abrumadora la insistencia de los comunistas en los problemas militares: todo debía ser sacrificado a la necesidad de obtener una victoria. Así el partido comunista logró, por un lado, la adhesión de aquellos pequeños propietarios que temían la revolución y, por otro, se adhirieron a él los militares profesionales que juzgaban imprescindible someter a la disciplina a las milicias de partido. Es muy probable que la postura comunista fuera sencillamente la más congruente y la única viable si verdaderamente quería lograrse la victoria sobre el adversario. Sin embargo el rápido crecimiento del partido y su extremado sectarismo motivaron una protesta creciente de los otros sectores de la política frentepopulista.

Los anarquistas, en cambio, opinaban que la sublevación había creado las condiciones objetivas para el estallido de la revolución. Guerra y revolución, por lo tanto, debían ser dos procesos paralelos y complementarios, de manera que no se podía triunfar en la primera sin llevar a cabo la segunda. Este entusiasmo por la situación existente en España en otoño de 1936 pronto chocó con la realidad de que era necesario enfrentarse al adversario militar y, además, pactar con el resto de los sectores políticos que formaban parte del Frente Popular. En realidad la única posibilidad consistía en la colaboración con el Frente Popular, pero cuando fue tomada esta decisión la CNT se vio obligada inmediatamente a ceder sus conquistas revolucionarias una a una, primero en Cataluña y luego en el resto de España. Además esta realidad tuvo como grave inconveniente complementario que el anarcosindicalismo, antaño el movimiento obrero español por antonomasia, se dividió y a ello siguió

Izquierda, Buenaventura Durruti.
Derecha, Dolores Ibárruri, "Pasionaria"
Ministerio de Educación, Cultura y Deporte

una irreversible decadencia. Queda, en fin, por advertir que el tipo de tesis sociales y políticas asumidas por la CNT no eran privativas de ella en la fase inicial de la guerra, sino que las compartían con entusiasmo los socialistas del ala de Largo Caballero.

Fue éste quien en septiembre de 1936, en un momento en que era ya gravísima la situación militar, asumió la Presidencia del Gobierno. Lo hizo contra la opinión y con la protesta más airada de Azaña y con las reticencias del propio Prieto, que pensaba que se estaba jugando demasiado pronto lo que calificaba de "última carta". Sin embargo hay que tener en cuenta que, por el momento, de nada había servido tener al republicano moderado Giral al frente del Gobierno. En realidad, si los anarquistas no entraron desde el principio en el gobierno de Largo Caballero fue por sus excesivas pretensiones, que suponían la creación de un Consejo de Defensa en vez del Gobierno, la marginación de los comunistas y cinco puestos en ese órgano ejecutivo. El gobierno de Largo Caballero estuvo por completo dominado por su persona, pues no solo desempeñó la cartera de Guerra aparte de la Presidencia, sino que

Juan Negrín y Marcelino Domingo.
Foto: Adolfo Torres. Biblioteca Nacional

además colocó a dos socialistas de su tendencia en las decisivas carteras de Estado y de Gobernación, mientras que, por ejemplo, los comunistas se limitaban a desempeñar responsabilidades de inferior trascendencia en Agricultura e Instrucción Pública. La definitiva entrada anarquista en el Gobierno tuvo lugar en noviembre.

El propio periódico de Largo Caballero había asegurado que "la República del 14 de abril ha muerto". Esta actitud explica que no pocos republicanos de izquierda se exiliaran u ocuparan puestos diplomáticos en el exterior. Nada, sin embargo, revela mejor lo que, en realidad, era Largo Caballero como el hecho de que nada más alcanzado el poder empezara a hablar de la necesidad de respetar la legalidad republicana. Su revolucionarismo no resultó otra cosa que epidérmico. Ahora, consciente de las necesidades del momento, trató de ganar la guerra centralizando el poder político y creando una máquina militar. De ahí sus medidas tendentes a recortar ese "juntismo". De ahí la supresión de los organismos de este tipo existentes en Valencia, o la obligación impuesta al Consejo de Aragón de ampliar su composición política, ya no únicamente anarquista. La normalización de las instituciones republicanas se apreció también en la reunión de la Diputación permanente de las Cortes en Valencia a comienzos de 1937. En cuanto a la dirección militar, baste con decir que si los ataques contra el subsecretario de Guerra, Asensio, fueron muchos, las deficiencias de su gestión deben ser atribuidas a las de las tropas que tenía bajo su mando.

Desde una fecha muy temprana se apreciaron las limitaciones personales de Largo Caballero, mientras que se hacía patente también que su persona era incapaz de evitar los enfrentamientos programáticos, e incluso armados, de la coalición que presidía. Ahora se demostró definitivamente que Largo no era el "Lenin español" porque era demasiado confuso como para serlo. En el fondo, quienes en otro tiempo habían contribuido de manera importante a auparle, ahora no parecían dispuestos a respetar su autoridad y a ellos debió hacerles repetidas advertencias y llamamientos a la disciplina. En la Diputación permanente de las Cortes dijo, por ejemplo, refiriéndose a los anarcosindicalistas que "ya se ha ensayado bastante". También se enfrentó a los comunistas que criticaban la política militar de Asensio. Largo aceptó que se formara en enero de 1937 un Comité de enlace PCE-PSOE, pero vetó la unificación, que solo se produjo en algún caso aislado, como el de Jaén, para acabar siendo

Enrique Líster. Archivo General de la Administración.
Ministerio de Educación, Cultura y Deporte

evitada. La presión de los comunistas no dudaba en emplear recursos como las manifestaciones públicas, y a ellas respondió Largo exigiendo "obediencia, disciplina y lealtad". En marzo de 1937 las relaciones del Presidente del Gobierno con los comunistas se habían hecho ya muy tensas.

Existía, además, otro proceso indicativo de las tendencias dispersivas del Frente Popular. A lo largo de los meses iniciales de la guerra civil fueron frecuentes los enfrentamientos armados entre anarquistas y comunistas. Los primeros acusaron al PCE de haber eliminado a dieciocho anarquistas en seis provincias. Con el paso del tiempo el número de incidentes no solo no disminuyó sino que tendió a acrecentarse. Siempre tenían como motivo algo tan alejado de las verdaderas operaciones bélicas contra el adversario como el orden público y el control de la retaguardia.

La situación descrita tenía que estallar, como en efecto sucedió en la primera semana de mayo de 1937 en Barcelona. En Cataluña los gobiernos de la Generalitat habían supuesto una apelación a la disciplina semejante a la que en general se había dado en toda la zona controlada por el Frente Popular. La fuerza política ascendente era, sin duda, el PSUC, que en el gobierno formado a mediados de abril contaba con tres consejerías por cuatro de la CNT. El 3 de mayo la Generalitat y los comunistas intentaron apoderarse del local de la Telefónica en Barcelona, del que era dueña la CNT, desencadenándose una serie de combates. Mientras todo el mundo reclamaba la calma se llevó a cabo una confusa lucha, espontánea y sangrienta, cuyo mejor testigo fue el escritor británico George Orwell quien se preguntaba "qué demonios estaba pasando, quién luchaba contra quien y quién llevaba las de ganar". Al final el puro cansancio liquidó el enfrentamiento, que hubo de causar 400 ó 500 muertos y llegó incluso a provocar desplazamientos de las unidades del frente de Aragón hacia Barcelona.

El incidente había sido espontáneo e impremeditado, pero tuvo graves consecuencias políticas. La CNT no lo había provocado ni Largo Caballero tenía responsabilidad en él, pero, como veremos inmediatamente, la consecuencia más grave de lo sucedido fue que los anarquistas tuvieron que abandonar el poder y también Largo Caballero. Peor fue el caso de los dirigentes del pequeño Partido Obrero de Unificación Marxista, que fueron acusados de ser los principales responsables de lo

Indalecio Prieto, ministro de Defensa Nacional.
Biblioteca Nacional

sucedido por los comunistas, que así aprovecharon la ocasión para eliminar a quienes por su heterodoxia antiestalinista fueron calificados como fascistas. No solo esta acusación carecía de cualquier tipo de justificación, sino que sus miembros estaban demasiado desunidos y alejados de las posibilidades de alcanzar el poder. El POUM, en definitiva, fue disuelto y el principal de sus dirigentes, Nin, después de permanecer algún tiempo en varias cárceles, fue asesinado. Este mismo hecho, parte de cuya responsabilidad recae en todo el Frente Popular, revela la dispersión del poder en esta zona.

Pero la verdadera relevancia política de lo sucedido en Barcelona radica en la crisis política que se produjo. Lo sucedido debilitó seriamente la autoridad del Gobierno. Los comunistas querían que Largo abandonara la cartera de Guerra; además estaban indignados por un decreto dirigido contra su infiltración en el Ejército. A lo largo de la crisis insistieron en la necesidad de la unificación política y militar, el orden en la retaguardia y la concentración de esfuerzos en la guerra, puntos que luego recogió el programa de Negrín. Fueron ellos los que la provocaron al abandonar el Consejo de Ministros, pero el desenlace de la crisis no puede entenderse sin otros factores. El primero de ellos es la propia situación en la que se encontraba Largo Caballero. Su deseo de montar un gabinete ministerial a base solo de las centrales sindicales, UGT y CNT, carecía de posibilidades porque presuponía el mantenimiento de su popularidad, que ya se había disipado, y además marginaba a fuerzas políticas importantes. En realidad la CNT durante toda la crisis permaneció en una actitud de neutralidad, poco propicia a Largo Caballero y menos aún dispuesta a aceptar una participación en el Gobierno en condiciones de paridad con los comunistas.

Azaña y Prieto fueron los verdaderos responsables del desenlace de la crisis política y no, en cambio, alguno de los grupos políticos antes citados. Azaña había deplorado la presencia de Largo Caballero en el poder y ahora juzgaba su actuación con palabras durísimas: "ineptitud delirante aliada con la traición"; procuró mostrarse amable con el presidente del Gobierno, pero deseaba librarse definitivamente de él. Fue determinante en la selección de Juan Negrín como sucesor: en él veía una "tranquila energía" frente a los "altibajos y repentes" de Prieto. Éste hizo ver a Largo Caballero que el abandono del Consejo de Ministros por los comunistas suponía el estallido de la crisis política. Puede añadirse, en fin, que también fue él mismo quien se marginó de la Presidencia al declarar que, por sus enfrentamientos con comunistas y anarquistas y por su carácter, no era "el hombre de las circunstancias". De todos modos al recibir la cartera de Defensa tenía una significación política en el Gobierno de semejante entidad a la del Presidente, reforzada, además, por la presencia de Zugazagoitia, estrechamente vinculado a él, en Gobernación. La significación de la crisis debe completarse teniendo en cuenta que un republicano como Giral ocupó la cartera de Estado, mientras que los cenetistas abandonaron sus carteras.

La personalidad de Negrín auguraba un giro hacia el orden, la autoridad y la centralización. Era de una procedencia ideológica que tenía muy poco de revolucionaria. Joven, trabajador y culto, había sido uno de esos intelectuales formados en el extranjero gracias a la Junta de Ampliación de Estudios. Su radicalización antimonárquica al comienzo de los años treinta le había llevado al PSOE. No tenía ninguna simpatía por la posición, en

Juan Negrín en el frente de Teruel. Archivo General de la Administración.
Ministerio de Educación, Cultura y Deporte

su seno, del caballerismo. Sus declaraciones iniciales consistieron en mostrar una decidida voluntad de mantener la República de 1931, presagiando ya los 13 puntos que luego definirían su posición ante el conflicto. No dio marcha atrás a las colectivizaciones ni tampoco dio verdaderas facilidades para la libertad de cultos, pero identificó la República con las pautas democráticas que figuraban en su texto constitucional.

Como es lógico, el cambio de gobierno provocó una inmediata oposición irritada por parte de quienes de él salieron. La CNT consideró al nuevo gobierno como contrarrevolucionario, mientras tendía a desempeñar un papel decreciente en la vida política de la zona frentepopulista. Las causas de su declive no radican en la persecución adversaria sino que

Combatientes del frente de Aragón ante el Monumento a
Pi y Margall en Barcelona. Biblioteca Nacional.

son endógenas. El primer sindicato español había quedado "como un
saco hinchado y vacío", capaz de conspirar contra Negrín pero también
de ser utilizado por él para ampliar su gobierno cuando lo consideró per-
tinente. Todavía fue más lamentable la situación del caballerismo, que
siguió pidiendo una alianza sindical, pero cuya fuerza, reducida a un
mero personalismo, fue decreciente e incluso resultó incapaz de mante-
nerle en la dirección de la UGT. Los comunistas que tanto le habían
ensalzado reprocharon ahora a Largo Caballero haber mantenido una posición dictatorial.

La obra de Negrín, tanto desde el punto de vista militar como desde
el político, estuvo principalmente dirigida a la normalización o, lo que
es lo mismo, a la centralización y el logro de la eficacia, imprescindible
si se quería alcanzar la victoria. De ahí que, en agosto de 1937, disol-
viera el Consejo de Aragón. Para hacerlo debió utilizar unidades
militares, principalmente dirigidas por comunistas. En octubre de ese
mismo año se reunieron las Cortes en Valencia asistiendo un elevado

Lluís Companys y Emiliano Iglesias en la conmemoración del programa
Pi y Margall en Barcelona. Biblioteca Nacional

número de diputados que de esta manera testificaron, ante la opinión
internacional, el carácter parlamentario y democrático de las instituciones. El traslado de la capitalidad a Barcelona estuvo motivado
por el deseo de conseguir que Cataluña contribuyera más eficazmente a
la común lucha contra el adversario. En cuanto al esfuerzo militar, ni la
ofensiva de Teruel, ni la defensa en el Maestrazgo, ni la posterior batalla
del Ebro hubieran sido imaginables de no ser por las nuevas perspecti-
vas abiertas tras la asunción de la Presidencia por Negrín, aunque a éste
tampoco deban atribuírsele todos los méritos.

Todas esas operaciones militares se saldaron finalmente no con un
éxito espectacular sino con una derrota, y eso contribuyó a que se ma-
nifestaran tempranas protestas. Azaña inicialmente parece haber deseado
adoctrinar a Negrín, pero la personalidad de éste lo desestimó. El nuevo
gabinete fue denominado como gobierno Negrín-Prieto, pero cualquiera
que conociera a los dos personajes podía imaginar que el primero se in-
dependizaría por completo. Bohemio y en apariencia desordenado, pero

enormemente trabajador y dotado de una dureza de carácter que le hacía inasequible al desaliento, Negrín se sentía atraído por un sentido de la eficacia que le hacía despreciar consejos y colaboraciones y tendía a hacerle aceptar todo tipo de medios, incluso aquéllos mas que dudosos por razones morales o constitucionales. Muy pronto dio la sensación de que se interesaba más en el triunfo de su causa que en la defensa de los principios en que se fundamentaba la República. Siendo, al llegar a la Presidencia, una personalidad que no tenía detrás a ningún partido, su gobierno al final tenía, merced a las necesidades bélicas, unas claras características dictatoriales ya en 1938.

En relación con estos rasgos personales y esta situación ha de examinarse la acusación de que estaba dominado por los comunistas. En realidad había ascendido al poder desde la nada política y esto explica que todos pensaran en servirse de él; como esto no sucedió tendieron a considerarle dominado por otros. En realidad Negrín tenía una política personal y utilizaba a los comunistas, aunque a fuerza de descansar sobre ellos alcanzaron más poder que nunca, especialmente en el Ejército. En el verano de 1937, según datos de la Komintern, 800 de los 1.300 comisarios políticos eran comunistas y también lo eran casi la mitad de los jefes de cuerpo y dos tercios de los de brigada. El PCE había conseguido, por tanto, ya en esa fecha, una fuerza en el Ejército muy superior a la de sus sufragios en 1936.

Prieto luego atribuyó su salida del Gobierno exclusivamente a los manejos comunistas, pero para explicarla también hay que hacer mención a un rasgo de su carácter. Ciclotímico, Prieto carecía de la dureza de carácter de Negrín. Sus declaraciones llegaron a ser tan patéticamente pesimistas que algún seguidor suyo presente en el Gobierno declaraba a la salida del Consejo que no sabía si ir a la frontera o a casa. Como a Azaña, a Prieto se le puede achacar en este momento "desfallecimiento culpable".

Así se explica la crisis de abril de 1938 en la que abandonó el Ministerio de Defensa. Había ya chocado con los comunistas que, como antes hicieron con Largo Caballero, no dudaron en atacarle en la prensa. La llegada de Franco al Mediterráneo le pareció a Prieto un desastre sin paliativos. En estas circunstancias, una manifestación auspiciada por los comunistas pero secundada por otros partidos presionó exigiendo la resistencia a ultranza y

José Antonio Aguirre y Lecube, presidente del Gobierno
provisional del País Vasco.
Biblioteca Nacional

esta decisión acabó imponiéndose en parte por la propia coherencia de la postura de Negrín. Tenía éste razón cuando decía que "no puede ser ministro de Defensa quien está convencido de que tiene perdida la guerra" y, sobre todo, su juicio acertaba plenamente al opinar que no había más posibilidades de llegar a la paz por el hecho de marginar a los comunistas o exhibir el pesimismo. Su programa de trece puntos parece haber estado destinado a resistir, pero también a mostrar la voluntad de transacción.

El aumento del poder de Negrín motivó protestas crecientes. En los últimos meses de la guerra Araquistain juzgó a su gobierno como "el más inepto, más despótico y más cínico" que había tenido España. Sin embargo otro adversario, Martínez Barrio, afirmó que era "insustituible por desgracia". La última crisis parcial sufrida por el Gobierno, en agosto de 1938, así parece demostrarlo. Desde abril habían ido arreciando las críticas en los medios del Frente Popular mientras que Negrín cada vez parecía menos dispuesto a tomar en consideración a cualquier otro que no fuera a sí mismo. A mediados de dicho mes presentó a deliberación del Consejo de Ministros tres decretos tendentes aumentar su poder y la

Manifestación a favor de la República en Bilbao.
Biblioteca Nacional

centralización. Estas disposiciones motivaron la dimisión de los ministros catalán y vasco, mientras fuerzas políticas muy variadas exigían un cambio de política que llevara a un gobierno más de centro, capaz de hacer la paz. De nuevo, no obstante, Negrín acabó imponiéndose después de una entrevista con Azaña. Es posible que éste no actuara con decisión, pero no parece que con otro gobierno las posibilidades de paz fueran mayores. Negrín, en otro tiempo considerado como una persona manejable, era ahora insustituible aunque solo fuera por su propia voluntad de mantenerse en el poder y por la incapacidad o la falta de deseo de otros por sustituirle. A estas alturas, sin embargo, existía entre algunos elementos militares republicanos la idea de que debían prescindir de los políticos para llegar a la paz, tesis que llevaría a la sublevación de Casado.

Muchos protagonistas de los acontecimientos e historiadores posteriores han interpretado la situación política existente en la zona republicana como un régimen de apariencia democrática pero de efectivo dominio del partido comunista. Los dirigentes de este partido, en efecto, afirmaban que en España había nacido un nuevo tipo de democracia en la que ya no habría libertad para el fascismo. Por otro lado, al final de la guerra los comunistas controlaban las subsecretarías de Aviación y de Tierra, la Jefatura de las Fuerzas Aéreas, el Estado Mayor de la Marina y las direcciones generales de Seguridad y de Carabineros; tres de los cuatro cuerpos del Ejército de la zona centro eran dirigidos por comunistas. Sin embargo el relevante papel del PCE no puede entenderse si no es por su constante defensa de la disciplina. Además en la España del Frente Popular durante el periodo bélico hubo siempre posibilidades reales de disidencia, muy superiores a las de la otra zona; siempre existieron combatientes que lucharon por la democracia republicana, y la causa de ésta, de estar ligada a uno de los bandos, sin duda se identificaba con éste. Si los comunistas habían alcanzado una influencia muy grande era por su sectarismo y disciplina, pero también por la deserción de otros. Su misma identificación con la impopular causa de la resistencia deterioró la imagen del PCE, quien no era tan determinante como para evitar que una conspiración acabara desplazándole del poder.

Carro de combate de fabricación rusa, apresado por el ejército de Franco.
Biblioteca Nacional

TERUEL Y LA MARCHA HACIA
EL MEDITERRÁNEO

Como ya se ha señalado, el final del frente norte pudo hacer concebir a ojos de los observadores la posibilidad de que la guerra civil española quedara liquidada en unos pocos meses. Aparte de la superioridad material y militar conseguida en tierra, desde septiembre de 1937, los envíos de material soviético estaban dificultados por los submarinos italianos. La URSS se sintió mucho más presionada por los acontecimientos de Extremo Oriente, lo que explica que el número de sus aviadores en la España republicana tendiera a disminuir. Todo parecía, por tanto, ofrecer los mejores presagios a Franco, pero la lucha se prolongó y en dos ocasiones sucesivas, durante las batallas de Teruel y del Ebro, el Embajador alemán escribió a Hitler que el conflicto español no tenía una solución militar.

Estas dos operaciones militares fueron imaginadas por Rojo, convertido en general después de finalizada la campaña del norte. Paradójicamente la primera de estas batallas no tenía más que la pretensión de ser un simple

Tropas del Ejército Popular formadas en Barcelona
con destino al frente de Aragón. Archivo General de la Guerra Civil
Española, Salamanca. Ministerio de Educación, Cultura y Deporte

Milicianos en el frente de Teruel, en un puesto de ametralladoras.
Archivo General de la Administración.
Ministerio de Educación, Cultura y Deporte

golpe de mano sin más finalidad inmediata que atraer a las reservas adversarias a fin de hacerlas combatir en una posición poco aceptable. Rojo tenía, en cambio, como gran designio estratégico, la realización del llamado *plan P,* consistente en tratar de romper la zona adversaria mediante un ataque en Extremadura. Por su parte Franco estaba en este momento dispuesto a emprender la quinta batalla de Madrid.

El ataque de Teruel estuvo bien elegido por el Frente Popular. La capital aragonesa venía a ser como "una pistola que apuntaba al corazón de Levante", pero estaba escasamente fortificada, con unas comunicaciones difíciles, batidas por el adversario, y una guarnición muy de segunda fila. El ataque convergente llevado a cabo por el Ejército Popular, emprendido por buenas unidades con unos efectivos muy superiores, consiguió cercar a Teruel a mediados de diciembre reduciendo la resistencia a unas cuantas posiciones. Un intento de auxilio por parte de las tropas de Franco, realizado con intensísimo frío y con una especie de penetración en punta de lanza, fracasó, y al final de la primera semana de enero de 1938 se rindieron las últimas posiciones franquistas.

Concluida así la operación en la óptica de los atacantes, por dos veces Rojo llegó a abandonar el escenario de los combates con el propósito de incorporarse a la dirección de la operación verdaderamente decisiva, que, en su óptica, era la de Extremadura. Sin embargo, como en tantas ocasiones anteriores, Franco decidió enfrentarse al ejército adversario allí donde había recibido su ataque. El avance, sin embargo, se hizo penosísimo. Quienes han narrado la operación desde la óptica de los sublevados tienen razón al considerar que se trató del éxito artillero más completo de Franco, que utilizó uno de los elementos de su superioridad material evidente. La batalla no se decidió hasta que, a primeros de febrero de 1938, una maniobra en el flanco izquierdo de ataque hasta el río Alfambra hizo desplomarse el frente enemigo en tan solo tres días y con muy pocas bajas. Gracias a esto, en la segunda quincena de febrero Teruel, la única capital de provincia capturada por el Ejército Popular, fue reconquistada desde el norte. Lo sucedido demostraba que todavía estaba por nacer el nuevo Ejército Popular, y de ello eran también

Bombardeo, en las cercanías de Teruel, por la artillería del ejército de Franco.
Archivo General de la Administración.
Ministerio de Educación, Cultura y Deporte

conscientes sus adversarios, pero Franco, habitualmente conservador y parsimonioso, no cambió su forma de actuación. Los atacantes actuaron con demasiada confianza y consideraron liquidada la batalla cuando solo empezaba. Los franquistas, por su parte, habían conseguido responder al adversario allí donde había atacado, pero a cambio de 40.000 bajas y sin utilizar sus reservas donde hubieran sido mucho más útiles.

La dureza de los combates de Teruel coincide con el comienzo del empleo sistemático de un procedimiento de guerra especialmente brutal, aunque durante la Segunda Guerra Mundial se generalizaría y empeoraría en sus dimensiones y efectividad. Los bombardeos a ciudades de la retaguardia fueron habituales a partir de este momento aunque los llevaron a cabo de modo más continuado los franquistas. Algunas de estas operaciones supusieron centenares de víctimas entre la población civil, principalmente en Barcelona, que a menudo fue alcanzada por aviones italianos. Poco después de la batalla de Teruel tuvo lugar un repentino cambio en el balance de fuerzas de los dos bandos cuando, a principios de marzo de 1938, el crucero nacionalista *Baleares* fue hundido. A partir de este momento existió una superioridad que los gubernamentales no aprovecharon.

Para comprender lo sucedido en las semanas siguientes hay que tener en cuenta que el resultado de la batalla de Teruel afectó muy gravemente a la moral de resistencia del Ejército Popular. En estas condiciones se explica que al iniciarse el ataque de las tropas de Franco se produjera un auténtico derrumbamiento del frente. Su comienzo tuvo lugar al sur del Ebro en dirección a Belchite y Caspe durante la segunda semana de marzo. El desmoronamiento del Ejército Popular fue tal que se produjeron desbandadas de hasta 20-25.000 hombres. Los franquistas habían actuado por sorpresa (pues el enemigo esperaba el ataque en Guadalajara) y emplearon muy bien la aviación en persecución del adversario. En una semana avanzaron 100 kilómetros, tomaron 7.000 kilómetros cuadrados de superficie con un centenar de pueblos, capturaron 10.000 prisioneros y se hicieron con las rutas que conducían hacia el mar. A mediados de marzo Franco decidió seguir la ofensiva en una doble dirección, al norte del Ebro y hacia el mar. En la primera de las zonas indicadas solo esa desmoralización existente en el Frente

Rescate de los heridos tras el bombardeo del 30 de enero de 1938
en Barcelona. Biblioteca Nacional

Popular explica que las fuertes líneas de defensa del río Cinca no fueran utilizadas prácticamente. De nuevo se produjo el derrumbamiento del frente con la conquista de 15.000 kilómetros cuadrados y una penetración de 100 kilómetros. A fines de marzo las tropas de Franco entraban en Cataluña y el 4 de abril fue tomada Lérida. La detención de sus tropas se produjo por puro cansancio, porque el adversario estaba incapacitado para la resistencia, que solo se produjo en la zona del Pirineo. Prieto que exultaba cuando sus tropas tomaron Teruel, consideró lo sucedido como un "desastre sin compostura". En efecto, así había juzgado Rojo que sería una nueva división del territorio controlado por el Frente Popular, la cual tuvo lugar a mediados de abril.

La llegada al mar, con la toma de Vinaroz y la conquista de 6.400 kilómetros cuadrados, necesariamente había de desempeñar un papel decisivo en el desenlace de la guerra. Lo sucedido tuvo un papel de primera importancia en el estallido de la crisis política del Frente Popular. Pero un error estratégico de primera magnitud por parte de Franco vino en ayuda de los derrotados en Teruel. Lo lógico, en aquellos momentos, hubiera sido atacar Cataluña, pues en esa dirección ni siquiera parecía encontrar resistencia, aparte de que fuera un objetivo político y militarmente más importante. Sin embargo tomó la decisión de avanzar por el Maestrazgo hacia Valencia en contra de la opinión de algunos de sus consejeros militares. Se ha dicho que Cataluña era un objetivo importante pero también un avispero, porque podía provocar la intervención francesa, pero, aun así, no se comprende que Franco pensara en que podía tomar Valencia con rapidez.

Mujeres de Auxilio Social repartiendo comida en Vinaroz.
Biblioteca Nacional

En cualquier caso no podía haber sido peor elegido el terreno de la ofensiva donde se centraron los combates a partir de abril. Se trataba de una zona abrupta, pobre en comunicaciones y compartimentada, el Maestrazgo, cuya zona costera estaba dotada de buenas defensas. El Ejército Popular llevó a cabo una nueva batalla defensiva escatimando sus fuerzas y escalonando la intervención de los refuerzos. Por otro lado los atacantes cometieron errores no solo estratégicos sino también tácticos: en vez de elegir un solo sentido para su progresión, intentaron hacerlo mediante una pinza en una región que no permitía posibilidad alguna de maniobra. Solo en el mes de mayo parece haber pensado Franco en la posibilidad de optar por cambiar el frente de su ofensiva. A mediados de junio pudo ser tomado Castellón y aunque la lucha siguió hasta el mismo momento de la ofensiva del Ejército Popular en el Ebro, el avance fue poco significativo. Las tropas de Franco, detenidas sin posibilidades de obtener una victoria rápida, habían permitido que el Ejército Popular ganara una batalla, aunque fuera solo defensiva.

Artillería franquista disparando hacia Tortosa el 18 de Abril de 1938.
Biblioteca Nacional

A lo largo de los meses empleados en la ofensiva del Maestrazgo el Ejército Popular pudo reconstruir su organización y sus efectivos, cuando meses antes estaba a punto del colapso. La recuperación de los efectivos se hizo apelando a nuevos reemplazos que incluían a la *quinta del biberón*, con tan solo 18 años. Por otro lado, el ejército del Ebro fue reconstruido a partir de la voluntad de una estricta disciplina que, en las circunstancias del momento, debía ser política. Como señaló Azaña: "casi todo el ejército del Ebro es comunista; hay una especie de disciplina interior en cada unidad". El general Rojo, que no había tardado más de dos semanas después de la llegada del adversario al mar en elaborar un nuevo plan de actuación, fue el autor de la nueva iniciativa táctica. El propósito no era tan ambicioso como tratar de recuperar la comunicación entre las dos zonas en las que había quedado dividido el Frente Popular, sino tan solo

Componentes de la Brigada Líster en una trinchera en Lérida.
Biblioteca Nacional

Tropas franquistas entrando en Lérida. Biblioteca Nacional

paralizar la ofensiva adversaria hacia Valencia y ganar tiempo en la conciencia de que la mayor parte de los efectivos del Ejército Popular estaban en la zona centro. Como en Teruel, la forma de actuación consistió en emprender una ofensiva y no una defensiva de retroceso escalonado como la llevada a cabo en el Maestrazgo.

El 24 de julio de 1938 el Ejército Popular cruzó en varios puntos el río Ebro, que formaba la divisoria entre los dos bandos frente a Gandesa. La idea de los atacantes consistía en evitar que el adversario percibiera cuál era exactamente la penetración principal. Todos estos ataques fructificaron; en tan solo un día cruzaron el río tres divisiones y elementos de otras tantas en una maniobra calificada de brillantísima. Rojo emplea para definirla adjetivos que deben ser recordados porque resultan por completo ciertos: fue un éxito fulminante, concreto, insospechado e indiscutible. La verdad es que el adversario esperaba este ataque, pero no la magnitud que tuvo. La penetración del Ejército Popular supuso la desaparición del frente en 70 kilómetros, pero, llevada a cabo por la infantería durante la noche, careció de profundidad suficiente porque no fue posible el uso de la artillería, los carros o la aviación. Aunque el éxito fuera considerable y el rigor técnico de la ejecución evidente, mayor que en ninguna otra ofensiva anterior, el Ejército Popular no llegó a tomar Gandesa y su impulso ofensivo se agotó en tan solo unos días.

Lo sorprendente no es eso, sino que, una vez más, con su determinación cazurra, Franco no dudara en acudir al terreno elegido por su adversario para emprender "una ciega lucha de carneros, mediante el enfrentamiento directo golpeándose las respectivas cabezas hasta que se agotó el más débil". Fue la más sangrienta, larga y empeñada batalla de la guerra civil española, pero también la más innecesaria y absurda. Incluso los jefes militares del adversario eran perfectamente conscientes de que Franco hubiera hecho mucho mejor en utilizar sus fuerzas en otro sitio, como, por ejemplo, al norte en la dirección Lérida-Barcelona. Hubo generales franquistas, como Aranda, que se irritaron frente a esta simplicidad, pero la verdad es que el ejército republicano no fue ya capaz de ofrecer resistencia al adversario una vez resuelta esta batalla.

Los generales Juan Bautista Sánchez y Asensio, en primer término, con el coronel Troncoso y el general Camilo Alonso Vega, en segundo término, en Tarragona en enero de 1939. Biblioteca Nacional

Entre los días 26 y 31 de julio el Ejército Popular fue detenido, mientras que con su rapidez logística habitual Franco concentraba sus tropas y recursos en el saliente formado por el ataque del enemigo y procedía a enfrentarse con él allí mismo. El Ejército Popular se atrincheró en las tres sierras con la resuelta decisión de resistir al adversario. La historia de la batalla es sencilla de narrar teniendo en cuenta que se trató solo de ese enfrentamiento frontal. Las condiciones fueron penosísimas para ambos combatientes: las tropas del Ejército Popular debían resistir bajo cubierto el bombardeo de preparación del adversario, y cuando avanzaba debía servirse de alcanfor para no oler sus propios cadáveres. Esta situación de indecisión permitió a Negrín negociar una posible mediación, en un momento en que se ventilaba la crisis de Munich. Solo en la tercera semana de octubre el ejército de Franco, después de concentrar 500 bocas de fuego, asaltó la sierra de Cavall, el centro de la defensa adversaria. En los primeros días de noviembre la ofensiva definitiva y a mediados de mes las tropas del Ejército Popular volvieron a la otra orilla. Fue la batalla más sangrienta de la guerra, que pudo causar 60-70.000 bajas a cada bando y en que se impuso la superioridad de los sublevados en aviación y artillería. Todos los combatientes reconocen que, como dijo Franco, ésta fue la batalla más fea de la guerra. Tampoco se entiende la resistencia a ultranza del Ejército Popular en la bolsa de Gandesa, de no ser por una situación internacional que parecía justificar la esperanza.

Tras estos tres meses de lucha en los que había debido soportar hasta siete ofensivas adversarias, el Ejército Popular había quedado en una situación moral que resultaría ya irreversible. Como escribió el general Kindelán, la batalla del Ebro "acabó por decidir la guerra a favor de nuestro ejército sin posible apelación". La actividad organizadora de Rojo consiguió la reconstrucción de la organización militar e incluso el establecimiento de cuatro líneas defensivas. Pero la situación había cambiado de manera esencial porque la acumulación de derrotas había quebrado la voluntad de resistencia del Frente Popular, cuando en plena ofensiva del Ebro se había pensado seriamente en los medios internacionales, una vez más, y que la guerra podía concluir en tablas. Además la diferencia de medios entre los sublevados y los republicanos no había

El general Varela en la plaza de Cataluña de Barcelona.
Biblioteca Nacional

hecho otra cosa que aumentar. Como mínimo durante la batalla de Cataluña la superioridad atacante fue de diez a siete en artillería y de cinco a tres en aviación.

De todas las maneras, lo sucedido en la batalla de Cataluña demuestra que la razón esencial de la derrota de los republicanos radica mucho más en factores morales que en otros propiamente militares. La ofensiva de Franco se inició el día anterior a Navidad en dos puntos: al norte junto a Artesa de Segre, que resistió mejor, y más al sur, cerca de Borjas Blancas, en donde después de quince días de feroz combate se abrió una brecha amplia y profunda que dejó prácticamente liquidado al ejército del Ebro, que no pudo hacer otra cosa en adelante que retirarse. Lo hizo, además, en forma de desbandada, "una de las muchas que debimos presenciar", en

Desfile, en las calles de Barcelona, del ejército de Franco.
Biblioteca Nacional

palabras de Rojo. Hubo unidades enteras que se diluyeron en contacto con el enemigo y se produjeron casos de pánico cuando el adversario estaba todavía a 50 kilómetros. En estas condiciones la campaña de Cataluña no fue otra cosa que una gigantesca explotación del éxito. En pocos días las tropas de Franco habían conquistado 7.000 kilómetros cuadrados, prosiguiendo su avance hacia la frontera francesa. A mediados de enero fue tomada Tarragona. Hubo todavía algún esfuerzo voluntarista de convertir a Barcelona en una segunda edición de la defensa de Madrid, pero había una diferencia esencial en el espíritu de los que resistían en una y otra ocasión, pues en enero de 1939 se notaba la falta del apoyo y la colaboración de la retaguardia. El día 26 de ese mes se produjo la entrada de las tropas de Franco en Barcelona sin resistencia alguna. En su camino hacia la frontera, buena parte de los dirigentes republicanos daban ya por inevitable la derrota, que alimentaría, además, el enfrentamiento entre ellos. Un total de algo más de medio millón de personas cruzaron la frontera. Buena parte de ellas no volverían a hacerlo en sentido inverso.

De absolutamente nada sirvió que el Ejército Popular tratara, en esta fase final, de tomar la iniciativa en otros sectores. "El del Sur había sido la cenicienta de los frentes", se escribió con razón. La verdad es que la especial contextura del frente en esa zona geográfica daba pie a que se tomaran iniciativas ofensivas. Existían amplias soluciones de continuidad entre las posiciones defensivas que, por uno y otro bando, no podían ser consideradas mas que como líneas de vigilancia. En la primavera de 1938 Queipo de Llano solicitó de Franco tomar la iniciativa para estrangular la bolsa de Mérida, de más de 3.000 kilómetros de terreno quebradizo e irregular. Las operaciones se llevaron a cabo durante la batalla del Ebro de una manera un tanto lenta, que es prueba de la insuficiencia de recursos por parte de los atacantes. El Ejército Popular, en cambio, tomó la ofensiva en el momento de la campaña de Cataluña atacando en dirección a Pozoblanco. En un principio la ruptura del frente pudo parecer tener como consecuencia un derrumbamiento, pero el ataque concluyó de manera parecida a los de Brunete o Belchite. Los atacantes penetraron hasta 40 kilómetros, pero los bordes de la bolsa que produjeron en el frente adversario permanecieron firmes. La batalla no fue, por ello, más que una incidencia que no tuvo otro efecto que distraer una parte de la aviación republicana en el frente del sur, aumentando por tanto la superioridad de Franco en Cataluña. También las circunstancias internacionales se habían hecho definitivamente favorables a los que serían vencedores en la guerra.

Manifestación en Valencia en apoyo del buque ruso *Komsomol*.
Archivo General de la Administración.
Ministerio de Educación, Cultura y Deporte

Alternativas finales de la política exterior sobre la guerra

En páginas anteriores se ha abordado la actitud de cada uno de los países europeos y de algunos de los americanos respecto a la guerra civil española desde los inicios del conflicto. Este planteamiento general sirve para explicar las razones de su actitud en el momento inicial pero no permite conocer los avatares de ese intervencionismo en los asuntos españoles, sujetos a vicisitudes diversas en una coyuntura muy cambiante, ni tampoco permite hacer un balance general de las ayudas recibidas por ambos beligerantes.

A comienzos de 1937 el Comité de No Intervención había ya decidido un plan de control para España, pero no pasó mucho tiempo para que se demostrara su inutilidad. En el mes de abril la Italia de Mussolini cedió dos submarinos modernos a la España de Franco, que ésta pretendió que eran dos unidades capturadas a sus adversarios; además la flota franquista se vió incrementada también por cuatro destructores italianos.

Franco con el almirante Cervera y Moreno Fernández, en Castellón, revisando la flota naval reforzada con los envíos hechos por Italia.
Biblioteca Nacional

Distintivo para la aviación colocado en el tejado de la
embajada británica de Madrid.
Biblioteca Nacional

Unas y otras unidades desempeñaron un papel importante en el bloqueo
de la zona controlada por la República en el Mediterráneo. Por este
procedimiento obviamente Italia violaba la no-intervención. En mayo y
junio de ese mismo año dos buques alemanes, el *Deutschland* y el
Leipzig fueron bombardeados por la aviación republicana, hechos que
motivaron respectivamente una brutal respuesta en Alemania y la
retirada de la flota alemana y la italiana de las misiones de control. Por
esas mismas fechas el relevo en el gobierno de izquierdas francés por
otro más de centro tuvo como consecuencia que aumentaran las dificultades para los aprovisionamientos del Ejército Popular republicano
a través de la frontera francesa.

No tardaron mucho tiempo en verse en grave peligro también en el
mar Mediterráneo. Desde agosto de ese mismo año submarinos (y en
algún caso unidades de superficie) italianos fueron empleados para hun-
dir a los mercantes que transportaban armas y aprovisionamientos
destinados a la República. Esta ayuda a Franco, que no tiene parangón
con ninguna de las que recibió la República de otras potencias, llegó a
ser tan abrumadora y excesiva que si hubieran actuado a la vez todos los
submarinos, hubieran podido obtener gran número de hundimientos del

adversario. El exceso de la intervención italiana acabó volviéndose en contra de quienes la habían practicado. En el mes de septiembre, bajo presión inglesa, los italianos tuvieron que aceptar una conferencia en la población francesa de Nyon destinada a estudiar los casos de "piratería" en el Mediterráneo. Se decidió en ella que las potencias patrullaran por la totalidad de este mar y se redujo la zona donde lo harían los italianos a tan solo el Mar Tirreno. El resultado fue que los hundimientos desaparecieron y que Churchill ironizó diciendo que desde los tiempos de Julio Cesar nunca una decisión de Roma había tenido tanta importancia en un asunto mediterráneo.

Solucionado este conflicto, se discutió principalmente en el Comité de No Intervención la cuestión de la retirada de los extranjeros combatientes en España, que Franco no quería o, por lo menos, vinculaba con su reco-

Ambulancia escocesa donada a la República en el puerto de Barcelona.
Archivo General de la Administración.
Ministerio de Educación, Cultura y Deporte

nocimiento como beligerante. Esto hubiera sido dejar en una situación detestable al régimen republicano, más aun que aquella en la que estaba. Durante la guerra la República perdió el puesto que hasta entonces había tenido España de miembro siempre reelecto del Consejo de la Sociedad de Naciones como demostración de que era ya un régimen considerado por una parte de la sociedad internacional como poco digno de confianza.

El año 1938 trajo nuevas incidencias internacionales, ninguna de las cuales resultó positiva para la República. En febrero dimitió el secretario del Foreign Office, Eden, cuya postura en el seno del partido conservador tenía especialmente en cuenta el factor estratégico y, por lo tanto, el peligro de que Italia sustituyera a los británicos en el dominio del Mediterráneo. Este cambio fue importante, ya que permitió al premier Chamberlain llevar hasta sus últimas consecuencias su política de "apaciguamiento", que venía a ser en última instancia de cesión ante los países fascistas. En abril de ese año, británicos e italianos entablaban contactos que dejaban bien claro que los segundos no iban a abandonar su apoyo a la España de Franco hasta el final del conflicto. Durante este año siguió habiendo intentos de mediación que, como siempre, tuvieron como centro Londres, capital de la única gran potencia verdaderamente neutral. Pero tampoco el Foreign Office estaba en condiciones de intervenir de una manera resolutiva para llevarla a cabo dada la complicada situación internacional.

Con respecto a Francia, la vuelta al poder de las izquierdas en marzo de 1938, mejoró la situación internacional de la República. Pero ese gobierno duró poco y eso de nuevo perjudicó al régimen republicano. La crisis de Munich, en septiembre de 1938, tuvo un resultado poco satisfactorio para la República española en cuanto que constituyó una nueva cesión ante Alemania por parte de las potencias democráticas. El hecho de que Franco se declarara neutral ante un eventual conflicto europeo dio la sensación a Francia de que suponía para ella un menor peligro estratégico. En cuanto a Negrín, el desenlace de los acontecimientos (ni guerra ni posición firme frente al Eje) le había de resultar necesariamente perjudicial. Munich, además, tuvo como consecuencia facilitar el acercamiento de Alemania e Italia. También fue decisivo Munich para la URSS, pues a partir de este momento llegó a la conclusión de que no podía confiar en absoluto en las potencias democráticas.

Soldados franceses confiscan las armas a los republicanos en el puesto
fronterizo de Cerbére. Archivo General de la Administración.
Ministerio de Educación, Cultura y Deporte

El único momento en que los mecanismos de no intervención parecieron funcionar, aunque muy tardíamente, fue cuando en el otoño de 1938 se produjo la retirada de los voluntarios internacionales. La verdad es que en esas fechas desempeñaban ya un papel de escasa importancia en las operaciones militares. El círculo de relaciones de la República había ido cerrándose a medida que se multiplicaban sus derrotas militares. Hacía ya un año que los franquistas mantenían relaciones comerciales con Gran Bretaña y a comienzos de 1939 un crucero británico participó en la rendición de la Menorca republicana a Franco. Todavía éste pensaba en la posibilidad de una intervención francesa en Cataluña, pero no faltaba mucho para que la España de Franco y la república francesa abrieran relaciones diplomáticas. En marzo de 1939 Franco se mostró dispuesto a suscribir un nuevo tratado con Alemania, de carácter cultural, y firmó el pacto Antikomintern, cuya existencia no se reveló hasta concluido el conflicto. Mientras tanto la Unión Soviética parecía ya mucho más interesada en los problemas del Extremo Oriente que en los españoles, y, a fines de 1938, los patéticos llamamientos de Negrín no parecían hacerle mucho efecto. En definitiva, para los republicanos la derrota militar era paralela a la diplomática.

Ahora bien, ¿cuánto y cómo ayudaron cada una de las potencias europeas teóricamente no beligerantes a cada uno de los contrincantes españoles? En el pasado se ha solido mantener que la ayuda recibida por Franco no solo habría sido abrumadoramente superior sino que, además, por sí sola habría sido la razón explicativa del desenlace del conflicto. En la actualidad, sin embargo, se tiende a indicar que, en cuanto al monto total de ayuda recibida y respecto a los pagos efectuados, existe una similitud bastante considerable. Es probable que el debate historiográfico de mayor interés sea no tanto el monto de la ayuda como su empleo, su oportunidad y el beneficio obtenido por quien la proporcionaba. Si se suma, por un lado, el oro y demás metales preciosos vendidos por la República y los préstamos logrados por Franco, resultan cantidades similares, que pueden equivaler a algo más de 5.500 millones de pesetas de la época, un quinto de la renta nacional.

Franco y el general Orgaz, junto a un carro de combate.
Biblioteca Nacional

Prisioneros norteamericanos pertenecientes a las Brigadas Internacionales. Biblioteca Nacional

Para apreciar lo que significó la ayuda tanto para el receptor como para quien la enviaba quizá lo mejor sea referirse por separado a cada uno de los países que participaron en ella. Para los franquistas la ayuda "más importante, delicada, desinteresada y noble" fue la proporcionada por la Italia fascista, que a cambio no recibió casi nada, a no ser promesas de amistad y de influencia política. La ayuda italiana consistió en material y en colaboración con recursos humanos. Italia entregó a España entre 600 y 700 aviones, dos tercios de los cuales eran cazas, entre 100 y 200 carros, en su totalidad pequeños, y casi 2.000 cañones, además de algunos submarinos y otros buques. El importe de todo este material fue de alrededor de 7.500 millones de liras de entonces, una cifra que luego, en negociaciones con los españoles, se vió considerablemente reducida y que no acabaría de pagarse hasta una fecha tan tardía como 1967. Italia dispuso de una compañía destinada a concentrar el comercio con España, pero los intercambios, comparados con los de Alemania, fueron escasos. Por si fuera poco, las unidades militares italianas que acudieron a España a fines de 1936 y que actuaron durante la guerra como unidades de choque aunque con resultado muy desigual, denominadas *Corpo di Truppe Volontarie*, llegaron a ver pasar por sus filas unos 73.000 hombres y otros 5.700 pasaron por la aviación. La cifra máxima de soldados presentes a un tiempo puede haber rondado los 40.000.

La ayuda alemana a Franco revistió unas características bastante diferentes. También Alemania proporcionó un número importante de aviones, que puede situarse alrededor de 500, pero probablemente lo más efectivo de su ayuda fue la llamada Legión Cóndor, formada por un centenar y medio de aviones. La Legión debió tener algo más de 5.000 hombres pero en total debieron pasar por ella casi 20.000, de tal modo que favoreció el adiestramiento del arma aérea alemana. Alemania también envió instructores para las milicias, equipos artilleros y, en general, material militar sofisticado. A cambio de esta ayuda, cuyo monto puede haber sido inferior en más de un tercio a la italiana, los alemanes descubrieron en el transcurso de la guerra que podían obtener contrapartidas importantes que, además, les iban a servir para preparar su posible participación en una guerra mundial. A tal efecto crearon una serie de compañías, cuya misión principal fue apoderarse del capital de las sociedades mineras españolas. Franco opuso cierta resistencia inicial a la penetración del capital alemán, pero en 1938 acabó cediendo a la presión de los alemanes. Ya en 1937, desplazando a Gran Bretaña, Alemania había obtenido de España un millón y medio de toneladas de hierro y cerca de un millón de toneladas de pirita. En enero de 1939 casi la mitad del comercio de la España franquista se dirigía a Alemania. Así como Franco supo obtener considerables ventajas de Mussolini, en cambio no puede decirse lo mismo de los alemanes.

La ayuda recibida por el Frente Popular vino principalmente, como sabemos, de Francia y de la Unión Soviética. Francia pudo entregar unos 300 aviones a la República, pero la ayuda exterior fundamental fue de procedencia soviética. Los rusos adoptaron en su intervención en el conflicto español una actitud muy parecida a la de los alemanes: enviaron material y personal y exigieron una inmediata contrapartida económica. El

Colonia infantil suiza en Pasaje Lloveras en 1938.
Biblioteca Nacional.

número de rusos presentes en la Península sigue siendo una incógnita, pues mientras que Prieto afirma que no hubo más de 500, a la vez otros historiadores elevan la cifra hasta 7 u 8.000. Su intervención en las operaciones militares testimonia una capacitación elevada. Futuros mariscales estuvieron presentes en la Península y en ocasiones, además, combatientes soviéticos participaron en operaciones militares. Da la sensación de que la fragmentación del mando y las disputas de carácter político entre quienes resultaron vencidos en la guerra civil facilitaron considerablemente que la influencia de los asesores militares soviéticos fuera grande. Con respecto al material, se ha calculado que la URSS entregó a la España del Frente Popular unos 1.000 aviones y un número reducido de torpederos, aparte de una cifra considerable de carros, que fueron los de más poderoso blindaje presentes en la guerra española. Este hecho nos pone en contacto con otra cuestión de importancia que ha sido muy discutida respecto a la guerra civil española. Se ha dicho que el material de guerra ruso era deficiente, pero esta afirmación no parece corresponder a la realidad. Un último aspecto de la presencia rusa en España se refiere a su influencia política. Todo hace pensar que fue superior a la que tuvieron alemanes e italianos en el otro bando, pero si pudieron tener mayor influencia fueron también más discutidos a lo largo de todo el período bélico y sobre todo en su fase final.

Si directamente la URSS no proporcionó un número elevado de combatientes, en cambio organizó, en beneficio del Frente Popular, las Brigadas Internacionales, cuyos efectivos totales sucesivos pudieron superar los 60.000 hombres, pero cuyo momento álgido debió situarse en torno al verano de 1937, con algo mas de 40.000. No todos los componentes de las Brigadas eran comunistas, aunque este partido fue el motor organizativo. Las Brigadas Internacionales constituyeron un excelente procedimiento para Stalin de satisfacer las ansias revolucionarias de la Komintern, a la que, sin embargo, Stalin designaba como "pandilla de estafadores", y, al mismo tiempo, hacer olvidar la persecución que se estaba produciendo por aquellos días en Rusia en contra de los seguidores de Trotsky y, en general, cualquier tipo de disidencia, fuera real o imaginaria. Todos los testimonios presentan a las Brigadas como unidades regidas por una extremada disciplina, lo que las hizo convertirse en fuerzas de choque del ejército republicano y tener un elevado porcentaje de bajas. El ideal que las guiaba era el antifascismo y, en muchos casos, el deseo de llegar a una revolución mundial, como se demuestra por los muchos exiliados procedentes de Alemania e Italia que militaban en sus filas y por las divisas de sus banderas.

La descripción de la ayuda internacional a cada uno de los dos bandos en la guerra revela la importancia que tuvo para ellos. Sin ella, en última instancia, la guerra no se habría producido, porque Franco no hubiera podido franquear el estrecho de Gibraltar, los sublevados hubieran perdido Mallorca, no habrían detenido el flujo de armas por el Mediterráneo, ni hubieran tenido la superioridad de fuego durante la campaña del norte o tomado Málaga. Por su parte el Frente Popular tampoco habría sido capaz, probablemente, de ofrecer resistencia a la toma de Madrid, emprender la ofensiva de Brunete o atacar atravesando el Ebro. Para Azaña la ayuda rusa fue siempre "lenta, problemática e insuficiente". En parte puede deberse a que el Ejército Popular hizo un uso poco eficaz de ella, pero también a que la causa de la España republicana tampoco era tan decisiva para la URSS, y las potencias democráticas, por sus especiales características, su división interna y su política de "apaciguamiento", no quisieron intervenir en España o lo hicieron con titubeos. Franco recibió una ayuda más generosa (porque

Comisión norteamericana hace entrega de leche condensada
al Gobierno de la República. Archivo General de la Administración.
Ministerio de Educación, Cultura y Deporte

era a préstamo), más decidida (era pedida por los propios embajadores) y más arriesgada (porque comprometió a unidades militares de los países intervinientes). La URSS de Stalin no llevó a cabo operaciones como el torpedeo de los submarinos italianos. Puede que la ayuda exterior no explique por sí sola el resultado de la guerra, pero, en comparación, el fundamental beneficiario de esa intervención exterior fue Franco.

En la política internacional quien salió mejor parado de lo sucedido en la guerra fue Hitler. Aprovechando plenamente las circunstancias de crisis europea consiguió atraerse a la Italia fascista, hacer desconfiar a la URSS de Stalin del sistema de seguridad internacional y, sobre todo, en la fiabilidad de los países democráticos, atemorizar a éstos con el peligro de una conflagración general y dejar a Austria y Checoslovaquia inermes por completo. Otros países obtuvieron menores beneficios. Rusia había recibido al menos una parte de la derrota y después de alzar, con su ayuda, a los comunistas españoles a un puesto de primera importancia en la política nacional, los vio caer a la misma velocidad. Italia vengó la derrota de Guadalajara, pero había obtenido más supuesta gloria y propaganda que beneficios materiales.

Fachada del cine Capitol de Madrid.
Archivo General de la Administración.
Ministerio de Educación, Cultura y Deporte

Concluida la referencia a la intervención exterior en la guerra civil española, es preciso volver a España y los españoles que fueron principales protagonistas y sujetos pacientes del conflicto bélico. La polarización de la sociedad española en dos o tres reductos difíciles de conciliar no es un rasgo característico de la totalidad de nuestra historia, pero sí del periodo bélico y del posterior. El estallido de la guerra abrió una profunda división en la sociedad española destinada a perdurar durante mucho tiempo. El factor divisivo fue, en parte, la pertenencia a una clase social, pero probablemente los factores estrictamente culturales, de concepción del hombre y de la vida, resultaron más influyentes que ese tipo de caracterizaciones basadas en la pertenencia un sector social.

Resulta obvio que la aristocracia latifundista estuvo al lado de la sublevación y que en contra tomaron las armas los grupos sindicales revolucionarios de plural significación. Sin embargo no es menos evidente

Biblioteca del Instituto Obrero de Valencia, el 26 de agosto de 1937.
Biblioteca Nacional

que la guerra civil enfrentó a dos porciones de España con amplias apoyaturas sociales y que, por lo tanto, no hubo una sola causa popular en la guerra sino dos. Los sublevados no eran tan solo los miembros de la nobleza terrateniente sino también el campesino pobre, pero propietario, católico y alfabeto de la mitad norte de la Península. La causa del Frente Popular no tuvo como únicos representantes y directivos a revolucionarios que habían conspirado en otro tiempo contra la República, sino a personas pertenecientes a la burguesía incluso relativamente acomodada y de ideario liberal, como podrían ser Negrín y Azaña. Si desde una óptica política fue la pulverización del centro uno de los factores que más claramente explican el estallido de la guerra civil, como muy bien escribió Azaña, fue "la discordia interna de la clase media y, en general, de la burguesía, el origen de la misma". Al lado de generales, de requetés o de falangistas, hubo también en el bando vencedor personas que habían sido liberales en el pasado, pero que vieron en la experiencia de los años

Visita de enfermeras y heridos a la exposición de material intervenido al Ejército Popular, celebrada en San Sebastián.
Biblioteca Nacional

García Viñolas filmando el documental *Prisioneros de Guerra*.
Biblioteca Nacional

treinta la falsa prueba de que el carácter español era poco conciliable con la práctica de la democracia. Uno de ellos, persona también procedente de esa clase media, era Cambó, quien, en el exilio, se sentía "lejos del espíritu de ferocidad" que envolvía a la realidad española, pero que juzgaba que "ante la anarquía como mal menor ha de venir la fuerza".

Puesto que los factores culturales primaron sobre los sociales, bueno será referirse a ellos. Si se leen las proclamaciones iniciales de los dirigentes de la sublevación, la idea exclusiva que en ellas impera es la del restablecimiento del orden y la autoridad, aunque la propia sublevación concluyera por hacerlos inviables. De ahí se pasó a la exaltación religiosa, el ideal de cruzada, presente espontáneamente en los planteamientos no solo de los dirigentes sino también en los simples combatientes. No hay una anécdota más reveladora a este respecto que la propaganda del plato único, impuesto por las condiciones de abastecimiento, como medio de "santificación". Un último paso consistió en la exaltación del pasado, en donde míticamente se habría dado la identificación entre la religión y la patria.

Si resulta relativamente sencillo simplificar en una fórmula como la citada el motivo movilizador para el combate entre los sublevados, entre

Conmemoración en Barcelona del Día del Libro, 23 de abril de 1938. Biblioteca Nacional

El Día del Libro celebrado en Burgos a beneficio de los heridos de guerra, 23 de abril de 1938. Biblioteca Nacional

los gubernamentales resulta, sin duda, mucho más difícil. En algunos de los discursos del periodo bélico de Azaña o en los trece puntos de Negrín encontramos los principios de la ortodoxia republicana, pero no puede pensarse que tan solo ellos resultaran vigentes entre los combatientes de esa significación. Para muchos otros era verdad lo que decía el diario anarquista madrileño: "Todos los viejos valores (...) se han hundido estrepitosamente a partir de la insurrección militar". Lo que daba al Frente Popular un aire de abigarrado pluralismo es, precisamente, el hecho de que quien lo había sustituido no era una sola y única fórmula sino varias.

Nada explica mejor las diferencias entre concepciones de la vida en los dos bandos que la política cultural y educativa que practicaron

Compañía de teatro ambulante en el frente de León en el año 1937.
Biblioteca Nacional

Soldados del frente de Levante en una representación de teatro popular en Valencia.
Biblioteca Nacional

durante el periodo bélico. Entre los sublevados, más que una política revolucionaria de corte radicalmente fascista se siguió otra de carácter clerical y restauracionista. En la enseñanza primaria no solo se pretendió el restablecimiento de un sentido cristiano sino también la introducción de devociones muy concretas, como las de carácter mariano. La reforma del Bachillerato de 1938 se basó en la formación clásica, la consideración del catolicismo como médula de lo español y la exaltación de lo nacional a través de la historia. Al lado de estas manifestaciones clericales hubo también una política cultural más fascista, en manos de Falange, que quería incorporar a los vencedores los valores de la cultura española laica. También se creó una gran institución cultural, el Instituto de España, que reunió a la totalidad de las Academias.

En el bando gubernamental encontramos una pluralidad mucho mayor que la existente entre clericalismo y falangismo. Existió, en primer lugar, toda una línea derivada de la tradición de corte liberal y republicano que concedía un papel eminente a la cultura, consideraba que el hombre se salvaba a través de ella y apreciaba de manera especial la de carácter popular. Sobre esta tendencia se impostó el sentido utilitario y propagandístico del PCE, que fue el principal responsable de la política educativa y cultural del Frente Popular hasta bien entrado 1938. La labor de los comunistas fue a menudo sectaria, pero tuvo un éxito considerable en el exterior y demostró un mayor aprecio y sensibilidad por la problemática de carácter intelectual y cultural. Así se demuestra en los varios manifiestos suscritos por intelectuales en apoyo del gobierno del Frente Popular en los primeros momentos de la guerra, algunos de cuyos firmantes acabaron retractándose, así como en la evacuación de intelectuales de Madrid y la posterior creación de una Casa de la Cultura en Valencia. El mismo sentido cabe atribuir al nombramiento de Picasso para regir el Museo del Prado, cargo del que no tomó posesión. También el bando gubernamental tuvo su gran institución cultural sustitutiva de las academias, denominada Instituto Nacional de Cultura. El aspecto más interesante y positivo del interés del bando gubernamental por la cultura reside en la labor de extensión educativa y cultural lograda a través de la creación de un número importante de escuelas (quizá 5.000), la creación de un bachillerato abreviado para obreros o la labor de difusión cultural a través de las llamadas milicias de la cultura. En todas estas tareas había un componente de adoctrinamiento ideológico, como se demuestra por la existencia de una *cartilla popular antifascista* para enseñar a leer. Una tarea que recibió importante difusión propagandística, pero que respondía además a una obvia necesidad, fue la salvación del patrimonio artístico y, principalmente, de los tesoros del Museo del Prado.

Señaladas las respectivas políticas culturales, resulta también preciso hacer referencia a la posición de los protagonistas del mundo cultural ante el conflicto fratricida. Los intelectuales españoles habían vivido la difícil y crítica coyuntura de los años treinta con decidida beligerancia, que se incrementó con el estallido de la guerra civil. Ésta potenció la voz de quienes estaban ya comprometidos, pero también incorporó a esas filas a quienes pensaron ahora que no les quedaba otro remedio. Otros, sin embargo, acabaron optando por el silencio o la marginación. Para los intelectuales españoles sin duda hubo dos peligros, semejantes en gravedad. El primero de ellos fue el de la depuración por ser considerados peligrosos por alguno de los sectores en pugna o por los dos, hecho que sucedió con personas como Ortega. El segundo peligro no era menor: consistía en la posibilidad de someter el propio pensamiento o creatividad a la beligerancia de manera utilitaria. Sin embargo también la guerra tuvo otros aspectos más positivos. La cultura de la España en guerra, como toda ella, estuvo con tanta frecuencia llena de ejemplos de creatividad como de insustancial sumisión, no ya a un ideario como a personas que dudosamente la merecían. Aunque, como es lógico dado el ambiente de los años treinta, el mundo intelectual se decantó de manera mayoritaria hacia la causa republicana, no se puede

Concierto de Regino Sáinz de la Maza a los heridos de guerra en el
Hospital de los Reyes de Sevilla.
Biblioteca Nacional

ni mucho menos decir que todo el mundo intelectual estuviera con ella. Merece la pena señalar la coincidencia en la utilización de medios expresivos semejantes: el teatro de pretensiones heroicas, la radiodifusión que hizo nacer una verdadera guerra de las ondas, el verso épico o el cartelismo de combate.

Los vencedores también tuvieron sus mártires intelectuales, como Maeztu. Hubo una tentación en ellos de considerar que los intelectuales eran culpables del estallido de la guerra, hasta el punto de que Sáinz Rodríguez habló de la existencia de un auténtico "temor colectivo" a la inteligencia. Dominada por militares carentes de preocupaciones intelectuales, la España sublevada no careció de apoyos intelectuales aunque, entre los antirrevolucionarios, los más valiosos fueron, quizá, aquellos que abandonaron España incómodos en los dos bandos pero secretamente esperanzados en la victoria de Franco, o quienes estaban dispuestos a aceptarla por repudio de lo que sucedía en el bando del Frente Popular. Éste fue el caso de algunos de los representantes de la llamada generación del 98 o de 1914. Baroja, aterrado ante la doble barbarie de los tradicionalistas y de los revolucionarios, creyó poder confiar en un dictador, "domador de esas bestias feroces", y acabó ingresando en el Instituto de España. Ortega y Gasset criticó las simplificaciones de los visitantes extranjeros a la España en guerra, pero más taxativo aun fue Marañón, quien planteó la contienda como resultado del enfrentamiento entre comunismo y anticomunismo. En realidad todos estos intelectuales profesaron una muy discreta simpatía por Franco, que se convirtió en nula al poco tiempo. En el fondo la discutida posición de Unamuno tuvo el mismo fundamento. En un principio se identificó con la causa de los sublevados, a la que vinculó con la civilización cristiana y occidental. Fue partidario de ellos incluso en expedientes de depuración. Pero pronto supo de sus amigos asesinados en un "estúpido régimen de terror". Después de su conocida intervención el 12 de octubre en el Paraninfo de la Universidad de Salamanca, se convirtió en un disidente solitario que repudiaba la "mentalidad de cuartel y sacristía" imperante en la España de Franco.

Ninguna de estas posturas fue la oficial de los intelectuales en la España de Franco. Los intelectuales oficiales en ella fueron los hombres

Jóvenes con mantilla, a la salida de misa, acompañadas por
un requeté, en Castellón.
Biblioteca Nacional

de generaciones anteriores que habían evolucionado desde antes hacia posiciones dictatoriales (como D'Ors) o nuevas adquisiciones para esta postura (como Manuel Machado). Tan característico como este sector fue el de los jóvenes de la generación de 1927 identificados con el nacionalismo católico o con el falangismo revolucionario. En esta última versión resulta de interés especial la revista *Escorial,* empeñada en rescatar para la causa de los sublevados a una parte de la tradición liberal, aunque privándola de sus contenidos políticos. Novelas como *Madrid de corte a checa* (Fox) o *Eugenio o la consagración de la primavera* (García Serrano) describen, respectivamente, el terror ante la represión o la experiencia de la violencia armada en las luchas juveniles. Al lado de los nacionalistas estuvieron algunos de los pintores españoles más conocidos de la época, como Zuloaga, que retrató a Franco, o Sert, que empleó su decorativismo monumental en la exaltación de los mártires religiosos o de los defensores del Alcázar.

Varios periodistas británicos y norteamericanos con Mr. Dohhie en la
Delegación de Propaganda del Gobierno de la República,
acompañados por María Teresa León.
Biblioteca Nacional

Quienes estuvieron al lado de la España del Frente Popular contaron
también con figuras de generaciones anteriores a la de 1927. Fue Antonio
Machado el más beligerante partidario de esta causa, que defendió con
decisión y con una prosa cuyos valores morales y estéticos trascienden la
adscripción política. Juan Ramón Jiménez se identificó con la causa republicana y luego escribiría acerca de la "extraña alegría que había invadido
Madrid en los tiempos del estallido constante" durante el que había vivido
allí, acosado por unos milicianos de la cultura de los que dijo "estar, con
el más firme desprecio, a su disposición". Pero la mayor beligerancia literaria en favor de la causa del Frente Popular se encuentra en las nuevas
generaciones literarias. Mientras que Alberti montaba una *Numancia* que
recordaba la defensa de Madrid, Miguel Hernández era autor de la poesía
bellamente comprometida de *El rayo que no cesa*. Entre estos jóvenes
hubo, por supuesto, casos de convencido y devoto compromiso, como el
del protagonista de la novela de Arturo Barea *La forja de un rebelde,*
pero también de entrega a un ideal cuyos males por el momento no se

Miguel Hernández dirigiéndose a los soldados.
Biblioteca Nacional

percibían: María Teresa León describió a Stalin como "nuestro padre querido", cuyas manos "blancas y puras", "manos de nieve silenciosa" cantó Bergamín. En lo que la causa republicana fue indiscutidamente superior fue en lo que respecta a las empresas colectivas montadas para exaltar su opción. El Congreso de Intelectuales antifascistas de 1937 congregó en Valencia y Madrid a un elenco impresionante de intelectuales y dio lugar a intervenciones brillantísimas en el fragor del enfrentamiento bélico. *Hora de España* fue, sin duda, la mejor revista intelectual de la guerra procurando enlazar con la sólida tradición intelectual del pasado. El pabellón de la Feria de París en 1937 testimonió la identificación de una vanguardia estética de excepcional calidad (no solo Picasso, sino también Miró, Alberto, Julio González o Sert) con la causa republicana. En adelante el *Guernica*, que acabaría siendo considerado como el cuadro más importante del siglo XX, se convertiría en la prueba de que era posible hacer compatible el compromiso político y la experimentación estética.

Resulta preciso también hacer referencia a otro aspecto de nuestra contienda interna que resultó de decisiva importancia para la historia universal. Nunca hasta entonces había existido una guerra en que la propaganda jugara un papel tan decisivo y nunca tampoco hubo tal presión ambiental para tomar partido a favor de uno de los contendientes. Los intelectuales de todo el mundo la vivieron como una ocasión crucial de la que dependía el destino de la humanidad. Hugh Thomas ha señalado que la guerra civil española fue una especie de Vietnam de los años treinta; como en aquella ocasión, durante los sesenta a la intelectualidad liberal o izquierdista le resultó muy obvio designar quién representaba el Bien o el Mal absolutos en el conflicto español.

La inmensa mayoría de las figuras literarias más conocidas se pronunciaron en contra de Franco: en una encuesta realizada por una revista británica, un centenar de escritores se pronunciaron a favor del Frente Popular, mientras que solo cinco lo hicieron a favor de Franco. Así la guerra civil española se convirtió en "la última gran causa": años después, en *Mirando hacia atrás con ira* de Osborne, uno de los personajes de la obra lamenta que "la gente de nuestra generación no es ya capaz de morir por una causa como la de la guerra civil española". Si nunca tantos escritores de tantos países distintos escribieron desde una óptica política acerca de un acontecimiento histórico fue porque, en un mundo que había parecido ser capaz de retroceder solo ante el empuje del fascismo, aparecía un símbolo de resistencia. Como es lógico, a partir de estas premisas fueron muy habituales las simplificaciones. Muy a menudo los intelectuales de todo el mundo no hicieron otra cosa que trasladar a un conflicto civil en otras latitudes las tensiones espirituales propias o las que vivían en el seno de sus propias sociedades, pero siempre lo hicieron con una sensación de urgencia y necesidad de que la propia creación literaria sirviera para un propósito colectivo.

Fiesta deportivo-militar en el estadio de Chamartín de Madrid,
el 26 de abril de 1937. Biblioteca Nacional

Resulta casi imposible citar una relevante figura del mundo intelectual europeo y americano de los años treinta que no se pronunciara acerca de la guerra española. Sin embargo resulta de especial relevancia el hecho de que algunos de estos intelectuales no solo adoptaron una posición en torno a cuanto sucedía en España sino que, además, escribieron obras centradas en sus experiencias propias después de haber practicado el compromiso en tierras españolas. Este es el caso de *L'Espoir* de Malraux, desde luego no su mejor obra. Quizá lo más fresco y valioso de la obra de Hemingway en relación con la guerra española no sea *Por quién doblan las campanas*, que le dio prestigio y lectores, sino sus crónicas periodísticas. Varias de las de Koestler hacen referencia a su experiencia en la cárcel de Sevilla donde fue detenido: en *Darkness at noon* trasladó sus recuerdos a la ficción de un protagonista en una cárcel comunista. En *Hommage to Catalonia*, Orwell narró su alistamiento en las milicias populares debido a que en el ambiente revolucionario de la capital catalana ésa era la única actitud que le parecía posible. La mezcla entre la descripción de su experiencia íntima y su relato alegórico pleno de sentido moral y político la hacen una de sus mejores obras. Como Orwell y Koestler, pero en un sentido diverso, para Bernanos también la experiencia de la guerra civil española supuso una conmoción que le llevaría a adoptar actitudes muy distintas a las que había tenido en el pasado. En *Les grands cimetieres sous la lune* este católico de derechas mostró todo su desgarro íntimo ante la represión nacionalista en Palma de Mallorca frente a la mirada complaciente o indiferente de los bienpensantes.

Un componente de la milicia de Cultura en una escuela de Guadalajara.
Foto: Walter. Biblioteca Nacional

Como ya se ha señalado, una clara mayoría de los intelectuales en todo el mundo se pronunciaron en contra de Franco. Hubo, sin embargo, excepciones importantes que se refieren principalmente a intelectuales atraídos por el fascismo o a católicos. En Francia, Claudel presentó a los mártires españoles como los sucesores de los perseguidos por Enrique VIII, Nerón o Diocleciano; ellos habrían seguido la senda difícil en el momento crucial. En Gran Bretaña Evelyn Waugh no dudó en afirmar que si fuera español lucharía a favor de Franco, porque, no siendo fascista, se identificaría con esta posición si fuera la única alternativa respecto del comunismo.

En la obra de cuantos intelectuales se ocuparon de lo que sucedía en España hubo aciertos y errores, tanto literarios como históricos. Fue frecuente la mala información o la excesiva simplificación. Abundaron demasiado quienes erraron al ver a Franco tan solo como un conservador o a la República como un régimen democrático. Sin embargo todo ello no hace otra cosa que ratificar la importancia de los acontecimientos españoles para la conciencia universal. Los diagnósticos pudieron ser errados, pero el interés era legítimo y absorbente y nunca en la época contemporánea lo había sido y ni lo sería tan siquiera en modo semejante.

Repatriados en la estación francesa de La Tour de Carol.
Archivo General de la Administración.
Ministerio de Educación, Cultura y Deporte

Para muchos de los españoles afectos al Frente Popular la caída de Cataluña significaba simplemente el final, y el ya inmediato reconocimiento de Franco por parte de Francia y Gran Bretaña pareció ratificar esta impresión. La conciencia de que se había llegado a esa situación estuvo ya totalmente generalizada aunque la reacción de las autoridades militares y políticas respecto a ella fuera muy diferente. A veces se ha interpretado este final de la guerra como el resultado de un entrecruzamiento de conspiraciones con mayor o menor intervención de los servicios secretos de Franco, pero sería mucho más oportuno juzgar lo sucedido como un testimonio de desintegración, un fenómeno que afectó a todos los sectores y protagonistas del Frente Popular, pero que les llevó a actuar de una manera sensiblemente distinta.

Entrada de guardias civiles en la calle Alcalá de Madrid, el 29 de marzo de 1939.
Archivo General de la Administración.
Ministerio de Educación, Cultura y Deporte

El primer testimonio de ella se aprecia en la rendición de Menorca, durante los primeros días de febrero de 1939. Ni esta isla ni la base naval de Mahón habían desempeñado ningún papel de importancia en la guerra. La iniciativa de la rendición surgió del simple espectáculo del estado republicano, y un barco de guerra británico participó en los preliminares de la negociación. Siendo todo ello muy característico, no lo es menos el hecho de que, después de haber lanzado la aviación franquista propaganda pidiendo la rendición, se produjera una sublevación en Ciudadela entre las tropas que hasta el momento se habían mantenido fieles a la República. Se apuntaba así una tendencia que se generalizaría en el inmediato futuro.

Aproximadamente al mismo tiempo que esto sucedía las máximas autoridades de la República abandonaban el territorio nacional. Azaña lo hizo para no volver más y, a fines del mes de febrero, presentó su dimisión ante Martínez Barrios presidente de las Cortes. Quizá nadie mejor que este último ha interpretado los sentimientos de Azaña. Su último intento de enfrentarse a Negrín se había producido en el verano de 1938 y desde entonces le había invadido un deseo "indomable" de dejar a un lado la guerra y su puesto. Ni Azaña ni Martínez Barrio volvieron a la zona central; éste último comunicó a Negrín que solo estaba dispuesto a asumir la Presidencia republicana en el caso de que el Gobierno optara por liquidar la guerra. La postura del Jefe de Gobierno es más difícil de interpretar. Es posible que no se diera cuenta de su propia impopularidad; también afectaba ésta a sus principales colaboradores, los comunistas, por su política de resistencia a ultranza. Pero es posible que su política, aun teniendo en cuenta esta ceguera, tuviera coherencia. Negrín había dicho que "o todos nos salvamos o todos nos hundimos en la exterminación y el oprobio". No era probablemente la persona capaz de presidir una retirada ordenada o una negociación, pero sus propósitos tenían lógica y patriotismo.

Vuelto Negrín a la zona centro a mediados de febrero mantuvo una reunión con los principales mandos militares. La tesis de Negrín fue que "como el enemigo no quiere pactar la única solución es resistir" y parece haber sido aceptada por Miaja, aunque no por el almirante Buiza, jefe de la flota, y menos aun por el coronel Casado, principal responsa-

Saludo fascista a las tropas de Franco en Barcelona.
Archivo General de la Administración.
Ministerio de Educación, Cultura y Deporte

ble de la defensa de Madrid. Casado, después de la caída de Cataluña, pensaba que prolongar la resistencia era "un crimen de lesa humanidad". Desde finales de 1938 había pensado en sustituir al gobierno y había entablado contacto con la *quinta columna* franquista para una posterior negociación de la rendición.

Así las cosas, Negrín decidió un cambio en los mandos militares, acontecimiento que inmediatamente produjo la descomposición del Ejército Popular. Algunos militares no comunistas fueron retirados del directo mando de tropas y los nombrados, en un porcentaje elevado, estaban adscritos al comunismo, pero eso no deja de tener su lógica ya que se trataba del único partido que parecía dispuesto a la resistencia a ultranza. No parece que existiera ni por su parte ni por la del PCE un intento de golpe de Estado, porque, de haber sido así, hubiera detenido a sus posibles adversarios y los comunistas hubieran actuado más unánime y coordinadamente.

Lo que interesa es que en la noche del 4 de marzo se empezaron a producir acontecimientos en Cartagena. Allí Buiza había dado tan solo tres días a Negrín para que se rindiera y abandonara el Gobierno. La conspiración contra el Gobierno fue iniciada por elementos republicanos, pero su divisa (*Por España y la paz*) pronto fue sustituida por gritos a favor de Franco de quienes querían aprovechar la ocasión para cambiar de bando. Hubo un momento en que las baterías de la costa eran franquistas, la flota, republicana, y había tomado el mando de la base Galán, un comunista. Al día siguiente la flota abandonó Cartagena, a la que, después de dudar, no volvería, dirigiéndose al norte de África. Entre los días 5 y 7 la sublevación fue aplastada por unidades que, en teoría, obedecían al gobierno de Negrín, pero su jefe, al final, descubrió que el Jefe de Gobierno ya había abandonado España y entonces se adhirió al Consejo Nacional de Defensa formado en Madrid por Casado.

Pocas horas después de haberse iniciado la sublevación de Cartagena tenía lugar otra en Madrid. Negrín parece haber tratado de evitarla negociando con los insurrectos. Sin embargo carecía por completo de autoridad ante ellos. Aunque en el Consejo Nacional de Defensa que se formó figuró al frente Miaja, la realidad es que quien lo animó fue Casado, después de que Besteiro se negara a asumir ningún papel por considerar que le correspondía al Ejército. La sublevación tuvo un fuerte sentido anticomunista y Besteiro se refirió a este partido diciendo que "estamos derrotados nacionalmente por habernos dejado arrastrar a la línea bolchevique que es la aberración política más grande que han conocido quizá los siglos". Quizá fue esto, junto a la posición a favor de la resistencia adoptada por la organización del PCE en Madrid, lo que explica la sublevación de las unidades de esta significación en torno a la capital, en la que participaron 30.000 soldados. Gracias a las unidades del anarquista Mera, que no dudó en calificar de "traidor" al PCE, la situación fue restablecida. El propio partido hizo un llamamiento a la paz.

Con ello, ya Casado y Besteiro estaban en condiciones de intentar negociar el final de la guerra con Franco. Sin embargo su juicio acerca de la realidad política era errado: Casado pensaba que negociaría mejor

Jóvenes saludando con el brazo en alto, abril de 1939.
Archivo General de la Administración.
Ministerio de Educación, Cultura y Deporte

quien hubiera liquidado a los comunistas y no dudó en acusar de delitos comunes a Negrín, pero Franco quería acabar no solo con ellos sino también con todo el Frente Popular. El bienintencionado Besteiro parece haber tenido una opinión todavía más optimista pensando que a él no le pasaría nada y que, además, sería posible reconstruir la UGT. Uno y otro lo que querían es que se dieran facilidades para la evacuación y que no hubiera represalias indiscriminadas. Sin embargo las dos conversaciones con el adversario demostraron que éste no quería otra cosa que la rendición incondicional. Franco demostró la misma falta de generosidad (pero también idéntica conciencia de su propia fuerza) que le caracterizaría durante todo su régimen. "Nos hacen la guerra porque queremos la paz", decían los titulares de *El Socialista* en el momento en que ya se derrumbaba todo el frente republicano. Fue imposible, en efecto, organizar una retirada gradual. En Alicante las tropas italianas mantuvieron una especie de zona neutral, pero los soldados y mandos del Ejército Popular, carentes de medios para huir, debieron entregarse al adversario (hubo, sin embargo, algunos suicidios). El 1 de abril Franco anunció la victoria de sus tropas. Había hecho con sus adversarios lo que les había anunciado a sus seguidores, es decir, dejarles "que se cocieran en su propia salsa". Nada es tan característico de él mismo y del régimen que fundó como esta frase.

Madrid en los primeros días del mes de abril de 1939.
Archivo General de la Administración.
Ministerio de Educación, Cultura y Deporte

Así concluyó la guerra civil española, tras cuya narración es preciso recordar la afirmación de un principio, es decir, que no era inevitable. La sociedad española no había sido más conflictiva que otras europeas, ni el enfrentamiento entre españoles estuvo revestido de una especial crueldad que lo hiciera distinto de los que se dieron en otras latitudes. Lo peculiar de nuestra historia contemporánea es que se produjera una guerra civil en una fecha tan tardía. Quizá esto explica su principal consecuencia, que no fue otra que un gigantesco retroceso no solo en posibilidades de convivencia sino en muchos otros aspectos de la vida nacional.

Pero lo que interesa es referirse a las causas de la victoria de unos y de la derrota de otros, aunque propiamente fueron todos los españoles los derrotados. La primera reflexión es la que se refiere a las causas militares, y sobre el particular hay que recordar que la guerra civil española fue una guerra de pobres, más cercana a la Primera que a la Segunda Guerra Mundial. No puede extrañar en consecuencia que un observador extranjero, el general Duval, llegara a la conclusión de que, en cuanto a técnica militar, resultaba decepcionante para quienes habían considerado a los carros o a la aviación como armas del futuro. Rusos y franceses erraron por completo respecto al papel de los blindados. Los alemanes pudieron intuir el papel de los carros, pero, en cambio, a pesar de descubrir el efecto psicológico de los bombardeos en la población civil, mantuvieron el predominio de los bombarderos ligeros en vez de los pesados con sus consiguientes consecuencias durante la guerra mun-

La plaza de la Cebada de Madrid en abril de 1939.
Biblioteca Nacional

dial. Pero nos interesa, sobre todo, hacer alusión a las causas del desenlace de la guerra española más que a sus consecuencias sobre la mundial. Sobre el particular hay que decir que el Ejército Popular desaprovechó ventajas iniciales y, aunque aprendió a combatir a la defensiva, sus ofensivas fueron siempre de escasa eficacia al menos respecto a la explotación del éxito, principalmente por la modesta calidad de las tropas. El ejército de Franco tuvo siempre mucha mayor capacidad de maniobra y de ofensiva, pero las virtudes de quien lo dirigía fueron más la tenacidad y la capacidad logística que la audacia o la brillantez de ejecución. No hay que ver un especial maquiavelismo en Franco en la longitud de la guerra, que fue la consecuencia de sus limitaciones.

Autoridades francesas en la frontera
ante la entrada de refugiados republicanos.
Archivo General de la Administración.
Ministerio de Educación, Cultura y Deporte

Si el desenlace de la guerra civil no puede explicarse solo por esas causas de índole técnico-militar, tampoco basta con hacer mención a la intervención exterior. A lo largo de las páginas precedentes habrá quedado claro que la forma de recibir la ayuda, más constante, y sobre todo la de pagarla, a crédito, favorecieron a Franco. Pero la guerra civil española, aun conmocionando la conciencia mundial, no produjo una intervención extranjera semejante a la de otros conflictos históricos, como la Revolución Francesa o la Independencia; en consecuencia, aunque contribuya a explicar el desenlace, no fue la causa decisiva de éste.

Un factor probablemente más importante reside en la peculiar contextura de cada uno de los bandos, de sus propósitos y objetivos y de la manera que trataron de llegar a ellos. La parte de España que resultó vencedora puso mejor los medios para obtener la victoria que los derrotados. Eso no indica que una causa fuera mejor que otra, sino que una guerra civil, como cualquier conflicto bélico, tiene unas exigencias imprescindibles. Los propósitos de ambos bandos eran más negativos

Marcha de refugiados republicanos hacia la frontera francesa.
Archivo General de la Administración.
Ministerio de Educación, Cultura y Deporte

que positivos (en definitiva, el antifascismo y el anticomunismo), pero esta afirmación resulta especialmente cierta en el caso de los vencedores que actuaron por una especie de reflejo defensivo ante una revolución que, en realidad, no estalló sino después de su sublevación. Casi siempre en todas las guerras civiles quienes combaten en el seno de uno y otro bando difieren en aspectos muy importantes entre sí. En la española se dio una excepcional unidad en un bando, a causa del papel de los dirigentes militares y la inanidad de las fuerzas políticas que les seguían. Es posible que el impulso revolucionario animara a la resistencia, pero también garantizó la derrota porque provocó la falta de unidad política y motivó que el Ejército Popular no fuera un instrumento eficaz para el combate. La revolución española, espontánea y plural, tuvo, pues, unos efectos contrarios sobre la guerra civil, a diferencia de aquellas otras que, como en China y Rusia, estaban dirigidas por un solo partido. Algunos protagonistas de este episodio penoso de la vida nacional supieron ver esta realidad. Quien había sido principal inspirador de las operaciones militares del Ejército Popular, el general Rojo, lo dejó escrito. La derrota se produjo porque "fuimos cobardes por inacción política antes de la guerra y durante ella". Franco, en definitiva, no había vencido sino por "una superioridad lograda, tanto más que por su acción directa, por nuestros errores" pues "hemos sido nosotros los que le hemos dado la superioridad en todos los órdenes: económico, diplomático, industrial, orgánico, social, financiero, marítimo, aéreo, humano, material y técnico, estratégico y moral". A fin de cuentas, por tanto, la unidad, aunque fuera puramente negativa, tuvo un papel fundamental en el resultado de la guerra.

Hubo un hombre que a lo largo del conflicto permaneció apagado y en segundo plano y que, probablemente, hubiera podido hacer mucho más para evitar que se produjera. Se llamaba Manuel Azaña y en esa mezcla confusa de fanatismo y lucidez, de barbarie y heroismo que es toda guerra civil, él pronunció las palabras más dignas de ser recordadas.

"La obligación –dijo en 1938– de los que padecen la guerra" es "sacar la lección y de la musa del escarmiento el mayor bien posible y cuando la antorcha pase a otras manos, a otros hombres, a otras generaciones (...) si alguna vez sienten que les hierve la sangre iracunda y otra vez el genio español vuelve a enfurecerse con la intolerancia, con el odio y con el apetito de destrucción, que piensen en los muertos y escuchen su lección: la de esos hombres que han caído embravecidos en la batalla luchando magnánimamente por un ideal grandioso y que ahora, abrigados en la tierra materna, ya no tienen odio, ya no tienen rencor y nos envían con los destellos de su luz, tranquila y remota como la de una estrella, el mensaje de la patria eterna que dice a todos sus hijos: Paz, Piedad y Perdón".

También Azaña supo decir en su día que la victoria es simplemente imposible: "En una guerra civil no se triunfa contra un contrario, aunque éste sea un delincuente. El exterminio del adversario es imposible; por muchos miles de uno y otro lado que se maten, siempre quedarán los suficientes de las dos tendencias para que se les plantee el problema de si es posible o no seguir viviendo juntos". Eso es, en definitiva, lo que sucedió en 1975.

El final de la guerra.
Archivo General de la Administración.
Ministerio de Educación, Cultura y Deporte

Bibliografía sumaria

Michel ALPERT, El ejército republicano en la guerra civil, Madrid, Siglo XXI, 1989.

Julio ARÓSTEGUI (ed.), Historia y memoria de la guerra civil, Junta de Castilla y León, 1988.

Autores varios, La guerra civil, Historia 16, Madrid, 1986.

Juan AVILÉS, Pasión y farsa: franceses y británicos ante la guerra civil española, Madrid, Eudema, 1994.

Burnett BOLLOTTEN, La guerra civil española: revolución y contrarevolución, Madrid, Alianza Editorial, 1989.

Ricardo de la CIERVA, Historia de la guerra civil española, Madrid, Sanmartín, 1969.

Ronald FRASER, The blood of Spain. An Oral History of Spanish Civil War, New York, 1979 (traducción por Editorial Grijalbo).

Stanley PAYNE y Javier TUSELL (eds.), La guerra civil, Madrid, Temas de Hoy, 1996.

Ramón SALAS, Historia del Ejército Popular de la República, Madrid, Editora Nacional, 1973.

Hugh THOMAS, La guerra civil española, Madrid, Grijalbo, 1983.

Manuel TUÑÓN DE LARA y otros, La guerra civil, cincuenta años después, Madrid, Labor, 1985.

Javier TUSELL, Franco en la guerra civil. Una biografía política, Barcelona, Tusquets, 1992.

Javier TUSELL y Genoveva GARCÍA QUEIPO DE LLANO, El catolicismo mundial y la guerra de España, Madrid, BAC, 1993.

MENCIÓN FOTOGRÁFICA

MINISTERIO DE EDUCACIÓN, CULTURA Y DEPORTE
ARCHIVO GENERAL DE LA ADMINISTRACIÓN, PÁGINAS: 8, 10, 12, 13, 19, 20, 21 ,23, 25, 27, 29, 31, 35, 37, 43, 45, 64, 66, 67 (derecha), 70, 76 (abajo), 77 (abajo), 83, 90, 92, 93, 97, 99, 102, 104, 107, 109, 112, 116, 122, 138, 140 (izquierda y derecha), 143 (izquierda y derecha), 145, 149, 158, 159, 172, 175, 177, 183, 184, 200, 201, 203, 205, 206, 207, 208, 209, 211.

ARCHIVO GENERAL DE LA GUERRA CIVIL ESPAÑOLA, PÁGINAS: Portada, 11, 26, 28, 40, 41, 54, 63, 71, 82, 91, 98, 105, 118 (izquierda), 119 (arriba y abajo), 157.

FUNDACIÓN FEDERICO GARCÍA LORCA, PÁGINA: 51.

BIBLIOTECA NACIONAL, PÁGINAS: 14, 15, 33, 34, 36, 39, 47, 49, 53, 55, 56, 57, 59, 61, 65, 67 (izquierda), 69 (arriba y abajo), 74, 75, 77 (arriba), 80, 85, 87, 89, 95, 96, 103, 110, 111, 113, 114, 117, 118 (derecha), 121, 124, 125, 126 (arriba y abajo), 130, 131, 132, 133, 135, 136, 139, 141 (arriba y abajo), 144, 147, 150, 151, 153, 154, 156, 161, 162, 164, 165, 166, 167, 169, 170, 173, 174, 178, 179, 181, 183, 185, 186, 187, 188 (arriba y abajo), 189 (arriba y abajo), 191, 193, 194, 195, 197, 198, 199, 207 (arriba).

ABC, PÁGINA: 76 (arriba).

EL AUTOR Y LA EDITORIAL AGRADECEN LA COLABORACIÓN PRESTADA
PARA LA EDICIÓN DE ESTE LIBRO A LAS SIGUIENTES
PERSONAS, INSTITUCIONES Y EMPRESAS

MINISTERIO DE EDUCACIÓN, CULTURA Y DEPORTE

DIRECTOR GENERAL DEL LIBRO, ARCHIVOS Y BIBLIOTECAS

FERNANDO L. DE LANZAS SÁNCHEZ DEL CORRAL

TEODORO SACRISTÁN SANTOS

BLANCA DESANTES

ENRIQUE BORRUEL

ARCHIVO GENERAL DE LA ADMINISTRACIÓN

MARÍA LUISA CONDE VILLAVERDE

JOSÉ LUIS DE LA TORRE

CONCHITA PINTADO

MÓNICA ANGUITA

MINISTERIO DE EDUCACIÓN, CULTURA Y DEPORTE.
ARCHIVO GENERAL DE LA GUERRA CIVIL ESPAÑOLA

MIGUEL ÁNGEL JARAMILLO GUERREIRA

BIBLIOTECA NACIONAL

ISABEL ORTEGA

RESIDENCIA DE ESTUDIANTES

FUNDACIÓN FEDERICO GARCÍA LORCA

MANUEL FERNÁNDEZ MONTESINO

FUNDACIÓN PABLO IGLESIAS

HEMEROTECA MUNICIPAL DE MADRID

ABC

FAMILIA GARRIDO

TERESA ALBA

FERNANDO GUTIÉRREZ CANO

ÁNGEL JIMÉNEZ TORRES

GERARDO KURTZ